“中国故事　国际表达”的传播有效性研究笔记

姜　华　著

中国国际广播出版社

作者小传

姜华，文学硕士，高级编辑，北京电视台双语主持人、国际频道制片人。全国宣传文化系统“四个一批”人才、获国务院政府特殊津贴、中国妇女第十次全国代表大会代表、全国百佳新闻工作者、北京市青年岗位能手。曾获中国播音主持“金话筒奖”、奥运报道突出贡献奖，曾受邀担任“亚洲电视大奖”评委和颁奖嘉宾。

曾在北京电视台涉外的大型活动或现场直播节目和大量国际报道中担任记者、主持人和制片人。先后前往蒙特卡洛和莫斯科两度参与申奥直播报道；策划组织实施《奥运圣火传递百日大直播》、电视行动《五环连友城》，策划制作凸显国际视野的北京《财富》全球论坛11集系列节目《财富北京》、“文化中国 水立方杯”海外华人中文歌曲大赛；直播主持《财富论坛》节目开幕式。赴法国参加“中法文化年北京文化周”开幕的报道、现场主持“北京风情舞动巴黎”盛装行进表演；连续15年主持《外国人中华才艺大赛》节目。

2006年至今，担任北京电视台国际频道制片人，在这个岗位上积累了开展有效对外传播的大量经验。

姜华曾担任《英语世界》杂志的特约翻译、《留学北京》一书的英文编审，与人合作出版著作《收藏二十世纪》。主持北京电视台《书香北京》栏目8年来，阅读数百本多学科书籍。

在北京电视台工作28年间，姜华由记者到主持人，再到国际频道制片人，不论在台前还是幕后，都努力做到心目中的最好。她始终铭记先贤所说的——你追求目标越高，发挥的能量就越大。只有制定更高的目标、付出更多的努力，才能做出更大的贡献。

图 1　2011 年 4 月，姜华主持北京电视台读书栏目《书香北京》。

图 2　20 世纪 90 年代，姜华采访墨西哥驻华大使。

图 3　2003 年 6 月，北京电视台《北京形象宣传片》，姜华采访萨马兰奇。

图 4　2004 年，姜华赴巴黎报道“中法文化年”。

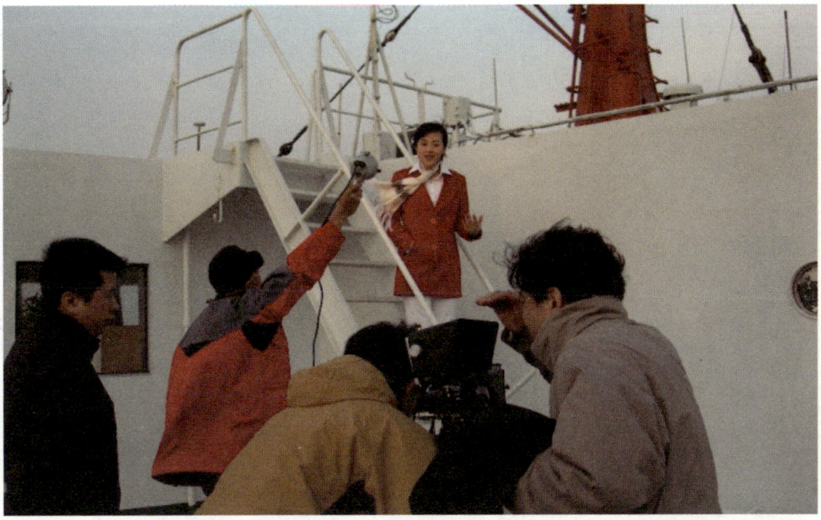

图 5　2005 年，姜华赴青岛采访。

图 6　2009 年 2 月，北京电视台《中华文明大讲堂》节目，姜华采访王蒙。

图 7　2011 年 1 月，北京电视台《书香北京》栏目，姜华采访吴建民。

图 8　2013 年 4 月，北京电视台《世界读书日特别节目》，姜华采访叶朗。

图 9　2013 年 4 月，北京电视台《世界读书日特别节目》，姜华采访严歌苓。

图 10　2013 年 4 月，北京电视台《世界读书日特别节目》，姜华采访南振中。

图 11　2009 年 1 月，北京电视台《外国人中华才艺大赛》节目，
姜华与美国主持人爱华。

序　言

原北京市广播电视局局长　赵东鸣

讲好中国故事，是当今全球化、大时代背景下，中华文化融入世界，建设“一带一路”，推动构建人类命运共同体进程中，时代交给我们的重大课题，也是做好对外宣传工作紧迫的需要。

十分欣喜地看到北京电视台长期从事海外宣传的优秀记者、海外节目主持人姜华，经过多年潜心研究，大量资料搜集、案例整理，深入探讨、总结和精心打磨，这部重量级的课题论文力作《“中国故事　国际表达”的传播有效性研究笔记》脱稿成书了，在此向她表示由衷的祝贺！我作为北京市广播电视局的老局长，被邀请阅读了论文并欣然同意为其作序。

姜华是北京电视台一位很出众的业务骨干，她以自己双语的优势和聪明才智、辛勤努力，成功参与了不少对外节目、栏目和文化活动，获得过很多奖项。她在莫斯科北京奥运申办成功的记者会上睿智机敏的第一问，为增加国际关注度获得了一致好评。我比较熟悉她，也很认可她在北京外宣领域的突出成绩。她潜心研究讲好中国故事的理论与实践问题，体现了她的职业精神和高度责任感，同样也展示了她的资深能力。对于研讨如何讲好中国故事，我看过不少文章，但文章之间的差别，深深浅浅或有无启迪新意，往往在于笔者有无真切的实践性经验，有无真情实感的鲜活内容，有无深入细致、到位有效的方法。讲好中国故事说到底是一个实践性的问题，好文章不是编凑出来的，没有那些知行合一和深入实际体验，没有用世界语言本土化应用的案例教范，是编纂不出有启示、有帮助、有用的好文章的。而在实践性方面，对于姜华恰恰是她的优势。可以说在北京广播电视行业的外宣领域里，她是经历最多、体验最丰、实力最强的电视人之一，也是获得荣誉颇丰的一位，所以她研究笔记中有大量真实的故事，都是源于鲜活的实践，并根据现实需要给予了深入浅出的分析。

回到姜华这个研究笔记正文，原本阅读这个长达7万多字的笔记文稿，我很担心冗长而缺乏新鲜感或可读性，但出乎意料，它让我很专注地连续阅读完了。除了整体文章主题鲜明、主线清晰、结构简明、文字干练、叙事真挚这些文字特点外，在内容上，的确翔实丰富，既引用了很多经典，更突出案例分析，进而丰富其论点、观点，提炼了标题、要点。论文最突出的特点还是它着重对“传播有效性”的研究，使文章立足点放在读之有益、业者有用上。其所选取的案例内容大都是在近一个时期外宣领域、广播电视行业在国际交流中取得成功的典型案例，而且难能可贵地与当事人、做事机构深入交流，掌握一手情况，剖析了个中细节做法，因此挖掘了真知，具有很鲜明的实用性、鲜活性、针对性。

还有一点也很可贵，在开篇立题，引用、陈述领导人关于讲好中国故事的重要讲话篇章中，不是简单地罗列引用讲话，而是着意于学习、研究习主席的思想方法。所精心引用的习主席的讲话内容既高屋建瓴，又有“故事”，能强烈感受到习主席以身作则、引经据典，把中国故事讲得生动有趣，令人回味无穷，从而把讲好中国故事的理论与实践结合达到新高度。

当今世界局势更加波澜激荡，中国坚持继续改革开放，创新发展，重要的是做好自己的事情，其中包括做好对外宣传工作赋予的使命任务。“联接中外、沟通世界”，发挥“增信释疑、凝心聚力”的作用，需要我们研究海外读者的思维习惯、特点与环境，需要把握良好的切入点，跨越语言障碍，突破文化差异，把传递的中国信息和新时代的理念转化成国际认同，这些都是需要认真加以研讨、迫切需要解决的问题。在此我热忱地推荐给业界和相关领域的同事、朋友，可以关注、阅读和研究一下姜华的这篇研究笔记。相信会让你开阔视野，会引起你的思考，会带给你可借鉴、有益的启示。

2019 年 6 月 26 日

目　录

前　言

什么是“中国故事　国际表达”？

“中国故事”，泛指和中国有关的一切事物，具体可以是中国的历史、现状；文化传统、发展变化；涉及社会、政治、经济、生活方方面面。而“国际表达”，是在充分了解对方语言、文化的基础上用对方可以接受的（喜闻乐见的）方式表达、展现、传播。

“讲好中国故事”是外宣工作的基本方法，也是提高中华文化影响力的基本途径。用世界语言讲中国故事，增强对外话语的创造力、感召力、公信力。

怎样理解“中国故事　国际表达”这八个字，我觉得它是对中国软实力的概括，是上升到增强中国软实力这个层面的一个核心战略。它甚至超越对外宣传，或国际传播的范畴，是国家战略，所以“中国故事　国际表达”的软实力战略的范畴和外延远远大于国际传播。从国家软实力构建、国际话语权竞争这个高度来思考对外传播的战略，可以更准确地找到“中国故事　国际表达”的痛点，那就是国际传播的有效性。

什么是“传播的有效性”？

广泛利用国际传播平台，找准国际社会需求，让外国人听得懂、听得进我们的故事，实现中国故事世界表达，提高国际传播的亲和力、感染力。①

周恩来总理曾经向国际友人介绍《梁山伯与祝英台》，只说了一句话：“这是中国的罗密欧与朱丽叶”，西方人立刻就明白了。②这就是传播的有效性。

传播学是源自西方的学科，从传播学的角度去看待“中国故事 国际表达”的有效性，可以帮助我们更好地理解国际传播有效性的产生和增强其有效性的机理。

由于社会制度、文化背景和意识形态的不同，国内国外话语体系存在一定差异，国内受众熟悉的话语并不一定适用于国外受众。所以对外传播需要跨越政治边界、文化差异、社会区隔，甚至不能满足于直接翻译、照搬照抄，如果没有因地制宜的创造性转化，就会自说自话、“鸡同鸭讲”。要使具有中国特色的表述，对接国外习惯的话语体系、表达方式，才能让国际社会易于理解和接受。如果通过有效的对外传播，使我们的观点、我们的态度在国际舆论场中被接受，形成中国表达，才有助于构建我们的国家形象，提高我们的感召力和影响力。

为什么这一研究的迫切性日益强烈？

当代中国正在发生什么变化，发展中的中国将给世界带来什么

① http://opinion.people.com.cn/n1/2018/0902/c1003-30266747.html。
② http://theory.people.com.cn/n1/2018/1221/c40531-30480242.html。

影响，越来越成为国际社会广泛关注的问题，这是中国对外传播的一个强劲生长点。

如今，中国在国际舞台上的形象塑造是直接关系到国家发展大局的重要一环。当我们每年以大量的投入去打造各个种类传播形式的同时，对每一种形式之下的传播效果，我们该做出怎样的分析和评价呢？

世界正变得越来越平，但思维方式的差异、价值观的对立仍然存在，所谓“文明的冲突”并没有因为经济全球化而有减弱迹象。在这种情况下，信息如何传递、形象如何塑造、价值如何表达，对于一个国家来说至关重要。

心连世界通。海外读者的语言思维习惯有怎样的特点？他们最想了解中国的哪些方面？如何让我们想传递的信息和理念转化成他们的认同？国际化传播的本土化和切入点，是我们迫切需要解决的问题。

我们不仅要向世界全面、客观、准确、生动地反映中国在各方面的成就，在思想观念、思维方式、精神状态等方面的变化，让国外受众认识和把握一个向前向好的中国，也要在面向全球的客观报道中传递中国价值，用世界眼光来衡量、审视中国，不讳言中国发展中的矛盾和问题，让国外受众了解和理解一个复杂多元的中国，推动中国更好地走向世界、融入世界。

本书将主要以资料搜集和采访笔记的形式，在借鉴已有理论成果的基础上，对典型传播形态和跨文化交流项目进行案例分析，阐述在跨文化交流中“中国故事　国际表达”的现实需要及产生了怎样的效果，并根据实践中发生的现象、问题、解决方式进行研究、归纳、总结规律，并期望对业界未来的对外传播和跨文化交流提供借鉴。

传播出去了不等于效果就好。要实现不同文化互通、促进不同文明互鉴，不仅要让受众听得见、听得清，更要让他们听得懂、听得进。对于媒体而言，需要深入细致地研究，哪些内容人们更容易关注？哪些方式受众更乐于接受？什么样的语言受众更易于理解？在这方面，习近平总书记为我们树立了很好的榜样。比如，2015 年，在海南博鳌亚洲论坛年会上谈到合作共赢时，他说：“东南亚朋友讲‘水涨荷花高’，非洲朋友讲‘独行快，众行远’，欧洲朋友讲‘一棵树挡不住寒风’，中国人讲‘大河有水小河满，小河有水大河满’。这些说的都是一个道理，只有合作共赢才能办大事、办好事、办长久之事。”引用的这些比喻，以不同地域文化的相同感受拉近了人们的距离，极易产生共鸣。

而中国故事也可以有更广泛的形式，本书所研究的案例中，译制电视剧是最容易让人想到的中国故事的一种。从一定意义上说，就像美国的好莱坞大片和一些娱乐节目一样，看起来轻松诙谐，但它们始终是在弘扬“美式主旋律”，算是“美国故事”的一种表达。其实，社会、经济、文化、娱乐等方面都有各自的中国故事，也有不同的表达方式。我们的对外传播也应灵活多样，用经济、文化、科学等话题，用与人们息息相关的各种故事，甚至在日常的交往、交流中真情而巧妙地诉说中国故事，传递中国价值。

第一章　本研究笔记的政策背景、现实需要与应用理论方法

一、在国家发展新的历史时期，特别是党的十八大以来，党和国家领导人高度重视对外传播工作

1. 习近平总书记多次在不同场合强调我国的外宣工作要“讲好中国故事”

2013 年 8 月全国宣传思想工作会议上，中共中央总书记、国家主席、中央军委主席习近平出席会议并发表重要讲话，指出“要精心做好对外宣传工作，创新对外宣传方式，着力打造融通中外的新概念新范畴新表述，讲好中国故事，传播好中国声音”。①

2013 年 12 月，中共中央政治局就提高国家文化软实力研究进行第十二次集体学习。习近平总书记在主持学习时指出，提高国家文化软实力，要努力提高国际话语权。要加强国际传播能力建设，精心构建对外话语体系，发挥好新兴媒体作用，增强对外话语的创造力、感召力、公信力，讲好中国故事，传播好中国声音，阐释好中国特色。②

① http：//www.xinhuanet.com//politics/2016-02/20/c_128730682.htm。
② http：//www.xinhuanet.com//politics/2013-12/31/c_118788013.htm。

2015年5月，《人民日报》海外版创刊30周年之际，习近平总书记做出重要指示，希望海外版“用海外读者乐于接受的方式、易于理解的语言，讲述好中国故事，传播好中国声音，努力成为增信释疑、凝心聚力的桥梁纽带”。[①]

2016年2月19日，中共中央总书记、国家主席、中央军委主席习近平在北京主持召开党的新闻舆论工作座谈会，并到中央新闻单位调研。习近平总书记通过“联接中外、沟通世界”这八个字，提纲挈领，总结概括了党的新闻舆论工作在外宣方面的职责和使命。他强调，“要加强国际传播能力建设，增强国际话语权，集中讲好中国故事”。[②]

2018年8月在全国宣传思想工作会议上，习近平总书记发表重要讲话强调，要推进国际传播能力建设，讲好中国故事、传播好中国声音，向世界展现真实、立体、全面的中国，提高国家文化软实力和中华文化影响力。[③]

2. 习近平总书记身体力行带动中国全新国家形象对外传播取得良好效果

“讲好中国故事”，习近平总书记是倡导者，也是践行者。他身体力行，以实际行动为如何“讲好中国故事”做出示范。十八大以来，习近平总书记在十几次出访公开演讲中，讲述了很多温暖人心的故事，拉近了中外民众的心理距离，向世界形象传递出中国观点和中国态度。在接受外国媒体的采访时，习近平总书记总能从

① http：//politics.people.com.cn/n1/2016/0302/c1001-28162934.html。
② http：//paper.people.com.cn/rmrbhwb/html/2016-02/20/content_1655132.htm。
③ http：//opinion.people.com.cn/n1/2018/0902/c1003-30266747.html。

中国的国情出发，用国际社会易于接受和理解的话语和表达来表明中国态度，将中国发展经济、改革和反腐的信心传递到海外。仅以2015年为例，习近平总书记共参加了9次国际会议，出访了四大洲10个国家，期间在外国媒体上发表署名文章7篇，接受外国媒体专访2次，在重大国际会议上发表重要讲话14次。在这些署名文章、专访和重要讲话中，习近平总书记既讲中国故事，也讲中外友谊，还讲中国发展，传播中国声音，让中国故事走出了国门。①

2013年6月，习近平总书记在墨西哥演讲时，引用孔子的“己所不欲，勿施于人”传递中国外交的义利观，还谈到米卢带领中国足球闯进世界杯比赛和墨西哥跳水队在中国教练指导下拿下好成绩的事例，非常接地气、平民化，既展大国领袖的风范，又现亲民务实的情怀。2014年3月，习近平总书记在法国引用拿破仑的话提出了“新狮子论”，巧妙反驳了“中国威胁论”，传递出中国梦的世界价值。这对我们的传播工作有着极其重要的启示。②

2014年，习近平总书记在布鲁日欧洲学院演讲时讲到，“2000多年前，中国就出现了诸子百家的盛况，老子、孔子、墨子等思想家上究天文、下穷地理，广泛探讨人与人、人与社会、人与自然关系的真谛，提出了博大精深的思想体系。他们提出的很多理念，如孝悌忠信、礼义廉耻、仁者爱人、与人为善、天人合一、道法自然、自强不息等，至今仍然深深影响着中国人的生活。中国人看待世界、看待社会、看待人生，有自己独特的价值体系。”这样的演说，既展示了中华优秀文化的精髓和魅力，也表达了中国人思考做事的逻辑原理。③

---

① http：//news.youth.cn/wztt/201602/t20160224_7667316.htm。
② http：//opinion.people.com.cn/n/2015/0522/c1003-27043101.html。
③ http：//politics.people.com.cn/n/2014/0401/c1024-24798043.html。

习近平总书记在美国华盛顿州当地政府和美国友好团队联合欢迎宴会上的演讲中说：“中国人民一向钦佩美国人民的进取精神和创造精神。我青年时代就读过《联邦党人文集》、托马斯·潘恩的《常识》等著作，也喜欢了解华盛顿、林肯、罗斯福等美国政治家的生平和思想，我还读过梭罗、惠特曼、马克·吐温、杰克·伦敦等人的作品。海明威《老人与海》对狂风和暴雨、巨浪和小船、老人和鲨鱼的描写给我留下了深刻印象。我第一次去古巴，专程去了海明威当年写《老人与海》的栈桥边。第二次去古巴，我去了海明威经常去的酒吧，点了海明威爱喝的朗姆酒配薄荷叶加冰块。我想体验一下当年海明威写下那些故事时的精神世界和实地氛围。我认为，对不同的文化和文明，我们需要去深入了解。”[①]

习近平总书记亲自讲中国故事，效果显著。中国话语的国际影响力不断提升，中国声音的传播面不断扩大。

3. 习近平总书记对外宣工作的目标与使命要求凸显对传播效果有效性研究的重要

中国特色社会主义进入新时代，国际社会对中国发展的关注、认同与日俱增，但“中国威胁论”“中国崩溃论”等噪音、杂音依然存在。面对新形势、新任务，唯有把握大势、区分对象、精准施策，才能讲好中国故事，让世界深入了解中国，为我国发展营造良好国际环境。[②]而只有在我们的国际传播有良好效果的情况下，才能改变国际社会对我们的误解甚至敌意，才能使我们树立良好国家形象的愿望得以实现。

---

① http：//www.xinhuanet.com/world/2015-09/23/c_1116656143.htm。
② http：//www.xinhuanet.com/mrdx/2018-08/27/c_137421362.htm。

树立良好的国家形象，离不开高水准的对外传播。对媒体而言，讲好中国故事，不仅需要高度的政治责任，也离不开高超的专业技能，必须严格遵循对外传播规律和新兴媒体发展规律。遵循对外传播规律，就要把握好传播的重点方向，用国际社会更容易理解和接受的话语体系，讲清楚一系列重大理论创新的历史根基、时代基础和现实需要，增强与海外受众的利益相关性，真正提高中国理念的国际传播力。我们身边从来就不缺少好的故事，在对外交流时，应更加注重人类共通的经验与思维，表达中要更加注重传递共同的价值和情感，唯有如此，才能激发共鸣。①

我在媒体从业近 30 年，且一直从事对外传播。我曾参与到电视媒体不同发展阶段对外传播的各种报道中，亲眼看见对外传播量与日俱增，亲身经历国际传播形式的千变万化。可以说我们并不缺乏宣传，而是在众多的传播形式下，“对外传播的有效性”应该得到更多的重视和研究。尤其在当今中国国家发展战略下，研究对外宣传形态的传播效果对展示中国国家形象、提升中国的国际地位、增强中国在国际社会的话语权有着不可或缺的作用和意义。

作为国家元首，习近平主席以亲身经历向美国人讲述：“梁家河这个小村庄的变化，是改革开放以来中国社会发展进步的一个缩影。我们用了 30 多年时间，使中国经济总量跃居世界第二，13 亿多人摆脱了物质短缺，总体达到小康水平，享有前所未有的尊严和权利。”② 作为基层传媒工作者，我希望通过我的工作可以具体阐释“改革开放以来中国社会发展进步”、通过报道各种层面的对外交流活动展示中国人“摆脱了物质短缺，总体达到小康水平，享有前

① http：//www.gov.cn/xinwen/2018-06/26/content_5301234.htm。
② http：//cpc.people.com.cn/n1/2017/0222/c64387-29098251.html。

所未有的尊严和权利”的现状。

二、“传播有效性”研究理论的历史沿革与方法

1. 早期有关媒介传播效果的研究理论源流

所谓传播效果，是指传播者所传信息在受传者那里产生的有效结果。西方传播学中的受众和效果理论始于“魔弹论”（突出大众传播的强大效果）。这种理论产生于 20 世纪二三十年代，后来逐渐被其他理论所取代。40 年代至 60 年代，传播效果研究领域中占主导地位的理论是“有限效果论”。70 年代后形成了一些新的理论，包括议程设置理论、沉默的螺旋理论、培养分析理论、知识沟假说理论等[①]。

议程设置（agenda-setting）理论是由美国学者麦克斯韦尔 · E. 麦库姆斯（Maxwell E. McCombs）和唐纳德 · L. 肖（Donald L. Shaw）于 1972 年提出的。其基本思想是：媒介报道什么，受众便注意什么；媒介越重视什么，受众就越关心什么。[②]

沉默的螺旋（spiral of silence）理论是 1974 年由德国社会学家 E. 内尔 – 纽曼（E. Noelle-Neumann）提出的。该理论将一种普遍的心理规律运用到媒介效果的分析中，强调舆论的形成是大众传播、人际传播和人们对“意见环境”的认知心理三者相互作用的结果。[③]

培养分析（cultivation analysis）理论源于美国学者 G. 格伯纳（G.

---

① 程曼丽，著：《国际传播学教程》，北京大学出版社，2006 年版，第 204 页。
② 程曼丽，著：《国际传播学教程》，北京大学出版社，2006 年版，第 205 页。
③ 程曼丽，著：《国际传播学教程》，北京大学出版社，2006 年版，第 206 页。

Gerbner）主持的“培养分析”研究。格伯纳认为，媒介信息制作者即便不是有意想改变观众的态度或信仰，但随着时间的推移，观看过度的观众也会开始相信，真实世界就是媒介呈现的世界的样子。①格伯纳还认为这种影响不是短期的，而是一个长期的、潜移默化的“培养”的过程。

知识沟假说（knowledge-gap hypothesis）理论是美国传播学者P.J. 蒂奇诺（P.J. Tichenor）等人提出。主要观点是：随着大众传媒向社会传播的信息日益增多，社会经济状况较好的人将比社会经济状况较差的人以更快的速度获取信息。因此，这两类人之间的知识沟将呈扩大趋势。②

现实中，传播效果有着复杂的成因，在我分析的案例中并非只有某一种理论在起作用。每个理论在真实案例中都施加着不同程度的影响，具体情形将在后文探讨。

2. 国际上对媒介传播效果的研究分类

传播学者对传播效果的分类有许多种，时间上分为：短期效果和长期效果；性质上分为：正面效果和负面效果；传播者意图关联度分为：预期效果和非预期效果。③而国际传播跨越国界，涉及多种文化、语言的异同，分析国际传播的效果时受时间因素的制约比较明显。而短期效果特指在短时间内发生的重大事件在传播中产生

① ［美］格兰 · G. 斯帕克斯，著；何朝阳、王希华，译：《媒介效果研究概论》，北京大学出版社，2013 年版，第 131 页。
② 程曼丽，著：《国际传播学教程》，北京大学出版社，2006 年版，第 207 页。
③ 程曼丽，著：《国际传播学教程》，北京大学出版社，2006 年版，第 209 页。

的效果，与本书讨论的案例关系不大，所以在分析“中国故事　国际表达”的有效性时，将主要分析长期效果。

长期效果泛指围绕某一主题或某项事业进行的传播活动所产生的效果是一个长期过程，是慢慢积累起来的影响，更是一个春风化雨、润物无声的过程。在下文我分析的几个案例中，我们会明显地发现这一点。

3. 媒介传播效果研究的主要方法

媒介效果研究的主要方法有媒介内容分析法、问卷调查法和实验法。

内容分析法几乎可用在任何传播之中，但尤为适合大众媒介信息，因为这种方法让我们能准确地描述大量各色信息内容，是其他方法不能企及的；它帮助我们发现内容所包含的东西可能会带来什么样的效果。①

问卷调查法，即抽样调查，此方法在多数情况下是从较大的关注群体中随机选取样本。样本调查的主要优点是研究者能做一个简洁的统计小结，对正在调查的现象有个描述性认识。描述性认识揭示的现象是任何推测所不能企及的。②

实验法，需要在控制条件下收集数据等，在对外传播领域难以实现，本书不做讨论。

鉴于内容分析法适用范围最广，本书所选案例的主要依据即是内容。“中国故事　国际表达”是否有效，内容是基础。下文即将

① ［美］格兰·G. 斯帕克斯，著；何朝阳、王希华，译：《媒介效果研究概论》，北京大学出版社，2013 年版，第 17 页。
② ［美］格兰·G. 斯帕克斯，著；何朝阳、王希华，译：《媒介效果研究概论》，北京大学出版社，2013 年版，第 22 页。

分析的四个案例中有三个都和传媒有关，所以研究方法首选了对案例内容进行分析。而对“国际学生北京夏令营”活动的分析，除了内容之外，还连续两年进行了问卷调查。

第二章　“中国故事　国际表达”典型案例的研究笔记

我们先把研究的注意力聚焦于传播形态最鲜明的领域。

到目前为止，影视作品一直是受众喜闻乐见的文化传播形式。影视作品通过情节设定的社会历史背景、人物语言、行为方式及思想、情感的铺排展现，渗透出的是一个国家民族的文化、社会、历史、风俗、价值观等深厚内涵。从我们个人在不同年龄段“追剧”的体验中不难得出这样的结论，在被一部部日剧、韩剧、美剧的情节吸引的同时，我们在不知不觉中会对剧中所蕴含的社会文化背景和价值取向从陌生到熟悉、理解甚至认同。这种潜移默化的影响或许不能以简单的“好”“坏”来衡量，但是看得越多受到的影响就越大。

当前，世界上最强势的跨国界、跨民族、跨文化传播的电影非好莱坞电影莫属。好莱坞电影似乎从诞生之日起就肩负着传播美国价值观的责任，虽然也许电影制作人并未自觉地有意识地刻意为之，但无可否认的是，好莱坞电影以一种观众便于接受的形式在不同的国家、不同的种族、不同的阶级当中蔓延开来，自然而然地将独有的美国精神和美国的传统价值观念输入观众的心中，而观众对电影情节中蕴含的文化内容、价值观理念，对电影故事这种传播方式更是欣然接受。[①] 好莱坞在美国实现其全球文化传播、扩张过程中起到了举足轻重的作用。究其原因，好莱坞电影大多体现现实社会的诉求，传递正能量、塑造美国式英雄，同时借助高科技手段打造超级视听体验，吸引受众。好莱坞电影经常借用别国的故事，甚至在中国取景，好像全世界的故事都可以为其所用，但不会改变的是传递美国的文化、思想和价值观。[②]

中国可以并已经在借鉴好莱坞电影的文化推广与传播策略。近年来，从《战狼Ⅱ》到《红海行动》再到《流浪地球》，一系列大片的成功推出不仅收获不错的票房成绩，同时也在传递中国声音、展示中国形象方面效果显著。尤其是《流浪地球》，突破了国产3DIMAX在北美市场的票房纪录。《纽约时报》专门以“China's Film Industry Finally Joins the Space Race（中国电影业终于加入了太空竞赛）”为题进行报道。[③] 电影作为影像和声音的艺术，的确是一种可以被广泛接受的艺术形式。

而与电影相比，电视的接近性在传播时似乎更具优势。电影是在几个小时之内浓缩思想内涵、故事情节，电视则可以在日常生活中占据人们的时间和注意力。电影通常在电影院放映，而看电视一般是在家里，现在甚至可以在电脑和手机上看电视。

除了观看环境不同，以及制作手段的专业差别，电影和电视在艺术创作的原理和规律上，例如视听语言的表现手法技巧、社会作用等方面是相通的。

---

① 张燕：《从好莱坞电影看美国文化传播及对中国的启示》，见 http：//media.people.com.cn/n/2014/0304/c376925-24524873-2.html。

② 张燕：《从好莱坞电影看美国文化传播及对中国的启示》，见 http：//media.people.com.cn/n/2014/0304/c376925-24524873-2.html。

③ http：//www.ltaaa.com/wtfy/27542.html。

案例研究之一：中国优秀电视剧译制传播历程

1. 被习主席提到的电视剧

2013 年 3 月 25 日，国家主席习近平在坦桑尼亚达累斯萨拉姆的尼雷尔国际会议中心发表题为《永远做可靠朋友和真诚伙伴》的重要演讲，当他说到"中国电视剧《媳妇的美好时代》在坦桑尼亚热播，使坦桑尼亚观众了解到中国老百姓家庭生活的酸甜苦辣"时[①]，话音刚落，现场爆发出热烈掌声。

这样一部地道的中国本土电视剧是怎样在坦桑尼亚热播的？语言文化差异是怎么解决的？为什么这样的一部电视剧会在海外受到欢迎？从中国故事国际表达的有效性层面我们又可以发现怎样的规律？要追根溯源，还得把视线转向 2010 年底。

2010 年，原中国国际广播电台（以下简称国际台）派团组到坦桑尼亚访问，时任中国驻坦桑尼亚的文化参赞刘东就提到：国际台有斯瓦希里语，坦桑尼亚对中国人民又有很深的感情，为什么不找一部片子在坦桑尼亚播放?！团组对这个提议非常重视，回来就向上级领导进行了详细的汇报。

看上去似乎是一个特别偶然的开始，然而背后有没有一些规律可循？

首先来看提出建议的人，刘东。临到非洲之前，刘东就觉得非洲的发展中国家跟我国关系好，对意识形态没有那么抵触，受到《渴望》在越南热播的启发，他就想能不能做些电视片或连续剧在非洲

① http：//politics.people.com.cn/n/2013/0326/c1001-20910891-2.html。

国家尝试播放。

作为一个外交官，刘东不仅对当地的情况非常了解，更重要的是他有使命感、责任感，还挺有创意。

“对当地情况非常了解”这为后来国际台影视译制中心在规范译制流程时强调“非常关键的前方调研”这一环节打下了基础。“调研”的重要性会在后面深入分析。

真是个不错的建议！想法很好，但落实起来还有很多具体问题要解决。选一部什么样的电视剧呢?

为了确定究竟译介哪部电视剧，大家很费了一番周折。当时来自文化部、原国家广播电影电视总局、国际台的专家召开了好几次专题会议，就是为了选出一部贴近当地受众的好电视剧。开始准备选《渴望》，但是《渴望》的背景是20世纪80年代的中国，有些陈旧。会让没看过中国电视、第一次接触中国电视的人认为：哦，中国原来就是这样。也想到了《李小龙传奇》，因为非洲人喜欢武打的影片，但是版权受限。在讨论选片的时候，正好《媳妇的美好时代》刚刚播完，大家多多少少都看过，感觉这部电视剧与《渴望》有些相似的地方，都是关于家庭伦理、人与人的关系的内容，展现艰苦奋斗等中国人的理念和价值观，但是这两部电视剧的背景差别很大。大家对《媳妇的美好时代》比较认同，于是在2010年冬天的一个夜里，剧目终于敲定。有关方面还专门委托国际台驻非洲记者站做了详细的市场调研，调研的结果很乐观。意见很快反馈到中国驻坦桑尼亚大使馆，敲定译介这部剧。这时已是2011年的春天。

早在20世纪90年代初，北京电视台国际部开展对外传播工作时，采用的方式多是由中影公司提供的带着英文字幕的国产电影，与海外的影视机构进行节目交换。将解说词或者对白经翻译后做成对象国语言的字幕形式再加到影视画面上，似乎是影视节目对外传播解决语言跨越问题的惯例。

然而，我们看到的斯瓦希里语版的《媳妇的美好时代》是角色配音的！这是怎么做到的？要知道这样的配音费时耗力，好难。

当时也曾有人建议《媳妇的美好时代》能不能配上斯瓦希里语字幕在非洲播出，因为从资金投入方面考虑，配字幕的成本相比角色配音来说实在是低很多。但是，从用户体验和播出效果方面考虑，配音则是最好的方式。

因为当时在非洲，电视并不是每家有，平均几家有一台。商店里有，大家会经常聚在商店里看电视。多数电视机跟中国20世纪八九十年代的12英寸电视机差不多。我们可以想象一下，12英寸电视机没有多大，再加字幕非常影响画面效果，而且字幕还比较小，不容易看清楚。当时还有一个考虑，就是从非洲国家人民的受教育程度考虑，看字幕可能依然会影响传播效果。只有角色配音才能让当地人听得懂、看得明白。经过一番缜密的调研和论证，最终确定了用斯瓦希里语配音的方式。

斯瓦希里语在非洲使用人口众多，但在中国国内却是一门地道的小语种，当时国内没有足够支撑译配电视剧的斯瓦希里语人才，只能从国外邀请会讲斯瓦希里语的人过来，一部电视剧至少需要请十个演员，在国内配音。找谁来配音是个难题。当年国际台斯瓦希里语部20多名中外职员全被调动起来，还有两名坦桑尼亚留学生也被请来参与配音工作，甚至坦桑尼亚驻华大使馆一位公使衔参赞10岁的女儿也加入了配音队伍。在国际台驻东非总站的帮助下，3名在肯尼亚颇具号召力的影视明星也被请来了。

2. 落地成功开播

经过几个月的配音，《媳妇的美好时代》在坦桑尼亚成功首播。时任国家广播电影电视总局副局长李伟带队到坦桑尼亚出席首播仪式。坦桑尼亚文化部的部长、副部长、常务秘书、副常务秘书携全体司局级官员都来参加在坦桑尼亚国家电视台举办的首播仪式。当时就有人给部长发短信，说“看到中国电视剧首播仪式，看到你在现场了。刚看了十几分钟这个电视剧，就感觉非常好”。当时坦桑尼亚文化部部长也向李伟反馈说，这个电视剧真好，我的朋友都看到了，评价很高。

开播仪式就在电视台正门举行，门口也没那么大地方，旁边紧临着马路，就用栅栏围出一小片区域。开播仪式后紧接着就在电视台播出了，播的时候大家就在电视台设立的电视屏幕那里看。《媳妇的美好时代》第一集刚开始的场面特别激烈，一下子就吸引了现场所有的人，包括出席开播仪式的部长们，还有现场的服务人员，甚至过路的人都停下来看，看着看着就在那儿笑起来。

2011 年 12 月 24 日，中广网记者罗厚的一篇报道，曾详细介绍了斯瓦希里语版 36 集电视剧《媳妇的美好时代》在坦桑尼亚开播后，在当地受到观众热捧的情况。

《媳妇的美好时代》刚在坦桑尼亚播完不久，2013 年 3 月习主席访问坦桑尼亚，在尼雷尔国际会议中心发表演讲，谈到非洲和中国的关系，真实和心诚，等等。在这个演讲中提到《媳妇的美好时代》在坦桑尼亚热播，得到现场与会官员和民众的热烈鼓掌。刘东参赞介绍说，虽然坦桑尼亚的官员未必都看，但他们的孩子和夫人都看。所以引起热烈反响。《媳妇的美好时代》在坦桑尼亚播出时的效果，即使不是万人空巷，也是非同一般。而且坦桑尼亚经常停电，单集播出的时候不一定都能看到。因为是每天一集，第二天重播，到星期天三集连播。在电视剧播出的时候，刘东参赞他们也到街面上去了解情况，有很多卖旅游纪念品的小商贩就说：“我今天要早点关门，回去看你们中国的电视剧，今天三集连播。”这足以说明坦桑尼亚民众对中国电视剧是非常喜欢的。甚至有一段时间坦桑尼亚人觉得我们中国女孩就应该是豆豆。豆豆就成了中国女孩的一个代名词。而且这个剧也在肯尼亚等其他非洲国家播出，饰演豆豆的中国演员海清在非洲有大把粉丝，很多人都知道豆豆——海清主演的这个角色。

《媳妇的美好时代》在坦桑尼亚播出的效果非常好，先后重播四次。2012 年下半年开始，该剧在肯尼亚播出后，又先后在尼日利亚、塞内加尔、埃及等非洲国家播出，均受到了当地观众的热烈欢迎。实践证明，这是一个非常有效的讲好中国故事的模式。

《媳妇的美好时代》播出之后，国际台斯瓦希里语的信箱节目每天都会收到一些听众来信。这个节目由国际台斯瓦希里语的首席播音员陈莲英和一位外籍专家两个人共同主持，每期节目一开始的时候总要摘录播出一些听众的来信，而在这个电视剧刚播不久的时候，几乎每封信听众都会提到《媳妇的美好时代》这部电视剧，表达他们对这部电视剧的喜爱之情。

3. 国家多语种影视译制基地的诞生

以斯瓦希里语版《媳妇的美好时代》为代表的中国优秀影视作品取得了良好的海外传播效果。不久，《媳妇的美好时代》走上埃及国家电视台的荧屏，此后相继播出了电视剧《金太狼的幸福生活》

《父母爱情》。收视率一部比一部高，《父母爱情》的收视率更是高达3.8，收视人群大概四百多万。

在接下来的几年里，包括阿拉伯语版《北京青年》、豪萨语版《北京爱情故事》、法语版《金太狼的幸福生活》等更多的中国影视剧在非洲各国掀起了收视热潮。

2014年1月23日，“国家多语种影视译制基地”在国际台正式挂牌成立，它依托国际台65种语言优势和70余年海外传播经验，是目前中国最大、语种最多的国家级多语种影视译制机构。

4. 开办《中国剧场》固定栏目

如何使中国影视剧海外传播更加有效、更加有力度呢？担负着传播中国影视剧海外传播任务的人们一直在思考和探索着。2015年9月，国际台与埃及广播电视联盟签署《中国剧场》合作协议，在埃及国家电视台设立“中国剧场”栏目，每周播出6集中国译制剧。这一模式产生的效应很快显现出来，它使中国影视节目海外播出由原来的“单剧”播出变为“栏目化”播出，确保了中国影视剧节目在海外传播的常态化和可持续化。

2018年，原中央电视台、中央人民广播电台、中国国际广播电台合并成立中央广播电视总台（以下简称总台）。《中国剧场》作为总台与世界各国主流电视媒体合作播出中国影视作品的品牌栏目迎来了更大的发展空间。截至目前，《中国剧场》已使用31个语种，译制完成500多部、12000集中国电影、电视剧、纪录片和动画片，并在5大洲56个国家主流电视媒体陆续播出，实现五大洲布局，成为总台影视译制作品海外播出的国际品牌栏目。

回顾这样一个由一部电视剧，到影视译制中心，到国家多语种影视译制基地，到形成《中国剧场》固定播出时段的发展历程，我发现以市场推广的眼光来看待交流与传播，其实是一个道理。首先得研究受众、了解受众需求，给谁看、给谁听？《媳妇的美好时代》在非洲播出，就是先把这事做了，把电视剧送出去了，意想不到大受欢迎。这是产品导向而不是市场导向。但是后来这件事有了延续，后来又播了好多部，说明这个时候就是市场导向了。第一次是产品导向，第一个受欢迎了，就总结受欢迎的规律，接着照方抓药往下走，然后越来越多地受欢迎。在越来越多地受欢迎的过程中，也越来越多地了解了对方需求；就越来越知道给对方开什么药，开什么更解决问题的新药，于是使得这个交流更顺畅、更广大。

现在，我们来总结一下这个规律。

1. 要达到好的传播效果，前期调研非常重要

这个道理也很简单，所谓知己知彼。我们说“中国故事　国际表达”，有好的中国故事，但对方是不是要听这样或那样的中国故事呢？以往我们做的对外传播，针对性都相对有所欠缺。

为什么要在非洲播出斯瓦希里语的电视剧呢？

当时刘东参赞代表中国驻坦桑尼亚大使馆给原国家广播电影电视总局做了汇报：东非国家都讲斯瓦希里语，比如：肯尼亚、坦桑尼亚、马拉维、布隆迪、刚果东部，人口大概一亿上下，整个非洲人口是10亿，斯瓦希里语在东非是个大语种。那么做十分之一的民众的工作，使他们能看到中国的电视剧，也是不小的人群。此前当地观众也看过一些中国电视节目，由于语言不通，观众不能充分理解，因此都没有形成大的影响。来自各方面的反馈，使刘东参赞下决心促成此事。

当年中国驻坦桑尼亚使馆文化参赞刘东在到坦桑尼亚之前曾在丹麦工作。刘东参赞的这个想法其实由来已久，在到丹麦履职的时候就有这个动议，想推介一些没有对白只有风景的中国风光片，或使馆提供的短片给丹麦电视台播放。推荐了好几次都没有下文。彼此熟悉了之后，对方就直截了当跟他说：“刘参赞你也别推荐了，我们肯定不会播的，因为使馆提供的东西我们会认为多多少少带有宣传的因素。如果我们要播出关于中国题材的片子，我们会自己去拍。”后来有个丹麦的航海家到中国做航海的活动，与中国中央电视台合拍了纪录片，在丹麦大概重播了六七次。由此也可以看出，在不同地域推介中国影视节目需要根据当地情况采取不同的方式，至少在影视业相对发达的国家以合拍的方式增进彼此了解也许更可取——内容可以商定，成品的市场前景也有乐观预期。

虽然在《媳妇的美好时代》之前并没有有意识地进行过调研，但是刘东参赞、国际台翻译联络部的李毅所提供的信息、了解到的坦桑尼亚的情况，实质上就是调研的工作。

如果不调研，很多东西拿出去会不适宜。在欧美，《医者仁心》送出去就不受欢迎，价值观不同，人家认为大夫就应该一心一意救死扶伤，在当地不可能出现电视剧里演绎的这些情形。还有个例子，比如《舌尖上的中国》里的部分内容就不适合在伊斯兰国家播出。

自从《媳妇的美好时代》在非洲首播之后，此后的每一部电视剧立项之前都要做关于对象国的调查研究。

每个国家都有在电视台之上的管理机构，埃及电视台的上级主管部门就是埃及广播电视联盟。有的国家就是新闻部，每个国家不一样。国际台在与其他国家的电视台签署播出协议之后，还要经过相关主管电视机构的审核。具体的审核流程应该是这样的：如果有不恰当的内容，或违反宗教习惯、文化习俗等方面的问题，对方会提出来，我方再进行修改。但从已经播出情况来看，还没出现过“打回来”的现象。比如同样是《媳妇的美好时代》，在非洲各国都受欢迎，但是在尼泊尔就不行，因为尼泊尔的宗教不会允许媳妇跟婆婆有矛盾。有这种情况，他们认为这是不敬，是违反他们宗教信仰的。比如兄弟之间为争夺财产打起来，有些国家可能会出现这种情况，但在尼泊尔就不允许出现。所以这种题材就得避免在尼泊尔这样的国家播出，而要选择《父母爱情》这样的传统剧，或者反映社会正能量、青年人创业等方面的内容。每个国家具体情况不一样，所以每个国家在选剧的时候也会有不同的侧重。

还有一点不得不提，我从20世纪90年代开始在北京电视台做对外传播工作的时候，我受到的对外传播教育也是要了解受众，针对性强才能有好的播出效果。而我对受众的了解主要来自个人接触的在京外国人和相关媒体报道。国际台不同，它有得天独厚的优势。

2016年，国际台已有100家整频率落地电台，电台覆盖50多个国家的首都或主要城市。约1/5的海外合作电台在当地收听率排名位居前列，其中有些电台已成为当地获取中国信息的首选媒体渠道。[①]

目前国际台在世界五大洲有30余个记者站。国际台影视剧译制中心在进行调研的时候，首先就会通过记者站收集信息，了解受众的收视习惯和偏好；然后向我国驻外使领馆咨询情况。最后通过专业的收视调查公司进行调查，了解受众情况。集合各方信息作为精准选择节目的依据。

---

① 王羽：《2016，国际台传播好中国声音放出哪些大招？》，国家广电智库，2017-02-08。

前方记者站、制作室利用前沿的机构优势，直接跟当地的文化机构合作，直接组织调研活动。比如在埃及，中东总站就曾直接在埃及大学搞了一次调研活动。在调研会上，播了一个新近译制还没公映、从中影公司协调出来的一部阿拉伯语版的电影。此前在当地只播出过电视剧，还没播出过电影。播完后请大学生、政府职员等社会各方面人士填写调查问卷、组织访谈。调查问卷一个是为了了解“看了哪几部之前播的中国电视剧，对哪些题材比较感兴趣，希望未来看什么电视剧”；第二个就是针对刚刚看的这个电影，译配的质量怎么样，电影的故事内容、题材、体裁形式怎么样，是否希望以后有更多的节目形式，等等。通过这几种方式，得到反馈信息。含金量最高的就是在前沿得到的这些第一手的反馈材料。

传播效果的好坏取决于是否精准播出，而要做到精准播出就必须做市场调研，了解受众喜欢什么。比如南部非洲国家和西方发达国家在国情、经济发展、社会习俗等许多方面都有很大不同。非洲一些酋长国还是部落制的。我们要精准传播，就得跟前方使领馆密切联系了解情况，他们有第一手的材料。了解之后，在接下来的流程如选片、译制等方面会考虑得更全面。如近期在新西兰播出《父母爱情》，之所以选择这部电视剧，就是因为在调研之后了解到，多数受众是华侨。新西兰人口中，华侨占很大比例。在当地，华侨影响力非常大。在经济、政治、文化各个方面都有影响，国会议员都有华人。在译制中心的传播地图上大洋洲一直是处女地，《父母爱情》就非常适合。在经济合作日益频繁的今天，文化先行、影视剧方面的交流的重要性愈来愈凸显。

2.“中国故事　国际表达”，影视剧最易促成跨文化的生活形态认同感

“中国故事　国际表达”，中国影视作品是最鲜活、最完整的中国故事载体。影视剧是效果最好的传播体裁。在中国，网络发展迅速，传统媒体、新媒体并存，节目样式丰富多彩、花样翻新。受众的选择范围、种类越来越多。在非洲、拉丁美洲、大洋洲、亚洲乃至中、东欧，除了西方发达国家之外的很多国家，电视还是主要媒介。做影视剧落地的效果比其他形式要好。另外，电视相较于广播、报纸给人的视觉、听觉的冲击力更直接，入脑入心。我们这一代人都经历过追看韩剧、美剧、日剧的阶段，快六十岁那代人了解日本就是通过《血疑》《姿三四郎》《排球女将》等电视剧。

国际台斯瓦希里语高级翻译陈莲英曾经在坦桑尼亚学习，对当地情况比较了解，也认识一些坦桑尼亚人，她得到的反馈是：坦桑尼亚人看了《媳妇的美好时代》以后，发现两国人民的生活习惯在好多地方都非常相似。他们说：“通过这部电视剧我们也了解了你们——原来你们家里面是这样的，彼此之间的关系是这样的。”后来有一个肯尼亚的配音演员，她是给豆豆的婆婆配音的，她就说：“我们这儿的情况其实跟你们差不多的，你们那样的婆婆——好婆婆、坏婆婆在我们国家全都有，豆豆这样的好媳妇，我们这里也有的。”非洲的观众看了以后，就觉得没想到你们的生活其实跟我们是一样的。他们会从电视剧中看到好多细节，原来中国人是这么生活的，也会吵架，也有好人，也有坏人，并不是每个人都坏，确实有增进了解的作用。

正如《媳妇的美好时代》的导演刘江所说的：他的目的就是希

望这部电视剧像一面镜子一样，把每个人的生活状况、生活态度都映射出来。

中国国际广播电台影视译制中心推广部的孟毅主任就是学斯瓦希里语的，所以对非洲比较了解。他介绍说：“我们的生活观念和非洲人，尤其是广大发展中国家老百姓距离很接近，非洲人也是大家庭的生活观念，也存在婆媳矛盾，也存在友情爱情方方面面的故事。”所以中国电视剧在当地播出，能够被接受。不像在西方，有些生活理念不一致，但在非洲和一些发展中国家，理念很相像，接受起来很快。比如在埃及进行收视调查的时候，《金太狼的幸福生活》里有两个细节，一个是新婚小两口要举办婚礼，女方家长就提出来，你们就别大搞了，把钱给你们去国外旅游吧。另外一个细节，他们办婚礼的时候，都有个随礼单子，张三李四谁家随了多少钱都记着，以后别人家办事的时候再还礼。这两个细节埃及都有，他们就说，当我们看到中国人这些习惯的时候，觉得似曾相识，“我们也是这样的。没想到，我们跟中国相隔这么远，但我们的生活却又这么近。”这就是为什么咱们一部一部电视剧播出以后，对象国的人民对咱们中国的生活观念、生活理念非常认可。包括《媳妇的美好时代》在坦桑尼亚播出以后，好多非洲人就跟中国人开玩笑说：“我们从这部电视剧里跟中国人学到好多智慧，比如怎么跟婆婆相处。”所以从这些事例上看，我们现在在海外，尤其是在发展中国家配成当地语言（小语种）播出的这些电视剧，接受程度是出乎意料的好。

电视剧向观众传送明显的、直观的声画形象和故事内容，引起了受众的共鸣和思考；还潜移默化地传递着道德规范、社会准则、生活方式等潜在的文化信息。[①]

① http：//media.people.com.cn/GB/22114/206896/220982/14589309.html。

如果是居高临下直白说教，虽然同样的道理，受众不一定会接受，可能还引发反感。电视剧的形式就容易被接受。尤其是描写当代生活的电视剧，呈现出不少社会现实，有好的方面也会有差强人意的方面，比如吵架、大声喧哗、环境、物价、房价。一个自信的国家、一个自信的媒体、一个自信的人，必须敢于直面自己的不足。不可能啥都比别人好，不刻意去隐瞒这些不好，这就拉近了与受众的距离。

刘东参赞在谈到电视剧这种形式的时候，有切身体会。他认为，电视剧的推广能让当地了解：为什么中国30多年来发生了翻天覆地的变化；人与人之间的关系；中国人对工作的态度、对长辈的态度等。现当代题材的电视剧还能帮助他们理解为什么通过30多年的改革开放中国能取得如此大的进步。对非洲国家来说，了解中国对他们发展本国经济、普惠他们自己的老百姓也有帮助。通过电视剧他们也会学会中国人勤劳朴实奋发努力的精神，这种电视剧对他们的影响还是很深刻的。目前，国际台缅甸语、豪萨语、僧伽罗语以及亚洲、非洲比较大的小语种，都在采用《媳妇的美好时代》的模式进行推广。刘东参赞现在在丹麦，也有不少当地人问他：你们中国改革开放30多年，就有这么大的变化，究竟是为什么。刘东参赞跟他们说：“如果用文字给你表述，你可能觉得干巴巴的，而且我也没办法通过短短几句话表述清楚。你就去看看中国的电视剧，看看中国人怎么想的，怎么对待自己的事业的，怎么对待家庭的，怎么对待个人、集体和国家的关系的。你们通过这些电视剧、活生生的故事就可以找到答案。”所以他觉得一部电视剧、一部电影通过媒体的放大，它的受众面是很广的，效果也是很直接的。

2012 年 12 月底，获得这一年度中非友好贡献奖的中国中东问题特使吴思科就对国际台的斯瓦希里语高级翻译陈莲英说：“你们译配的电视剧堪比我们外交部去讲话啊！”

可见影视剧的影响是潜移默化的，且这种影响来得更直接、更深入。

国际台的斯瓦希里语专家芘丽·姆维尼（Pili Mwinyi）原是坦桑尼亚桑给巴尔电台的播音员，已经在国际台工作 8 年时间。直到现在一提起《媳妇的美好时代》，她还是会津津乐道。问起为什么这部电视剧播出这么久了还如此受欢迎，她说：“一个就是语言翻译到位；再有就是《媳妇的美好时代》所展现的生活场景、家庭关系、冲突矛盾都跟他们自己的生活非常相似。而且这部剧的观众主要是女性，她们就是喜欢热热闹闹的剧情。”

从 2012 年《媳妇的美好时代》开播到 2015 年底，三年时间已经有十部电视剧在坦桑尼亚播出。此后，国际台缅甸语、豪萨语、僧伽罗语，亚洲、非洲比较大的小语种，都用《媳妇的美好时代》的模式进行传播。

刘东参赞说：“和十几年前相比，如今很多外国人看到了中国改革开放取得的成就，这是公认的事实，无法否认。十年前外国人还有质疑，特别是在人权、民主方面，有些就是因为不了解而产生的误解。”刘东参赞身在海外多年，当年一定亲身体验到不少误解和隔阂。对刘东参赞所言，我感同身受。

我曾在 1993 年随申奥代表团北京电视台报道组赴摩纳哥蒙特卡洛参加北京第一次申办奥运会的报道。对西方记者紧追所谓的中国“人权问题”不放、干扰我方的宣传计划印象深刻。2001 年我再次参加北京申办 2008 年奥运会的报道。我在莫斯科申奥报道现场亲历外国记者在参加中国申奥代表团的新闻发布会前相约要就“人权问题”发难中国的发言人。

一般来说，在新闻发布会上，记者有问题时，就通过“举手，发言人点到你，工作人员递话筒”等环节，然后站起来（更多的时候是坐着）提问。可那次发布会完全不是那么回事。每个城市代表团的新闻发布会的时间是半小时，大阪团首先出现在会场，接下来依次是巴黎、多伦多、北京和伊斯坦布尔的代表团。记者人数的变化就像是一个抛物线，在北京团出现时达到顶峰。当多伦多团的新闻发布会结束后、北京的新闻发布会还没开始的间隙，有不少记者紧紧围在入口处，就等着抢拍到北京团的第一张照片；有些记者站在台上，面对着发言人的位置想要近距离拍到北京代表团。直到代表团走进来、坐好、停顿了一会儿并开始讲话了，这些记者还不下来，一直坐在台下的记者由于被遮挡开始出言不逊了，他们才散开蹲在走道里。

在莫斯科，凡是有北京代表团出现的场合，都会立刻成为众人瞩目的焦点、记者追踪的目标。相信你一定看到这样的新闻，在展台上，记者将王伟（北京申奥代表团发言人）等人围得里三层外三层，展台区域本来就小，各城市代表团所占空间有限，记者一拥而上时引得其他申办候选城市代表团不满；当北京代表团陈述结束、陈述人走出大厅站在楼梯口，你也一定从电视画面中看到了闪光灯亮成一片；更不用说北京当选奥运会举办城市时，发言人身边堆满的话筒……

但我也看到，在北京代表团新闻发布会开始之前，认识的不认识的记者互相打着招呼，聊天的时候还不忘互相提醒一句“human rights”。果然，新闻发布会一开始，就连续有两名记者提问中国的

“人权问题”，而且想提问的记者太多，等发言人叫到你是根本轮不上的。我赶紧示意工作人员（是我在国际广播中心采访过的志愿者、莫斯科国际关系大学的三年级学生）把话筒先给我，一拿到了话筒，也没等发言人允许，我就立刻开始报出北京电视台和自己的姓名了。因坐着不容易让发言人看到，于是我就站起来提问。我首先强调了北京有许多文明成就和为申奥而准备的发展变化需要了解，随后提到了许多外国人担心的北京交通问题。而这个问题恰好是北京代表团需要重点阐述的内容，这一下子就给我国的发言人提供了一个很好的展示北京交通规划和发展水平的机会。受此影响，随后其他记者的提问也很自然地沿着北京申奥基础设施、技术准备等专业问题相继展开。

我是现场第一个提问的中国记者，被认为在关键时刻扭转了局面。会后当李志坚同志（时任国家体育总局党组书记）、蒋效愚同志（原北京市委宣传部部长兼奥申委副主席）、何慧娴（原奥申委副主席）等领导从会场走出来的时候，他们分别握着我的手说：“你立了一功啊！”

与十几年前相比，中国的发展变化在许多方面都今非昔比。我们国家对外传播的深度、广度与力度也与十几年前不可同日而语。

刘东参赞建议可以在欧洲尝试用商业的模式引入中国优秀的电视剧。当然也可以通过使馆的渠道来推介中国电视剧，但是使馆具有官方色彩，在有些国家可能会引发意识形态领域的分歧。如果通过其他方式能达到更好的效果，使馆自然乐见其成。

不仅仅是影视剧的形式容易被接受这个层面，译配影视剧的过程对增进外国人对中国现状和发展的了解也非常有帮助。2013 年第一批非洲演员来配音的时候，他们都是第一次来中国，问他们提起中国的时候你们脑海里首先浮现出来的是哪几个词儿？他们说，第一个词就是"功夫"，然后是"易怒""复仇"——这全是他们看武打片得来的印象。

非洲的发展中国家，主要是从20世纪七八十年代的港台武打片中了解中国，故事情节性强，复仇故事居多。近些年才接触到中国现实题材的影视作品。所以当中国的生活类电视剧播出之后，非洲观众才恍然大悟：原来中国老百姓是这么生活的，中国的城市是这样的、马路这么宽，等等。特别是这些非洲配音演员刚下飞机，最直观的就是中国的机场高速路，这和他们以往的想象、过去影视剧先入为主的印象完全不同。有的演员在中国生活几天之后，开玩笑说，不愿意走了，想在北京一直住下去。

电视剧是在用活生生的画面让海外的观众看到中国人是怎么生活的，从而形成生动的国家形象，非常直观。而目前，除了电视剧、电影，还有纪录片、动画片都通过译制中心推介到海外。像《舌尖上的中国》也在以类似的方式推广（伊斯兰国家因饮食的禁忌要做一些规避），非常受欢迎。关于茶道的纪录片有乌尔都语和葡萄牙语的。中央电视台的52集动画片《小鲤鱼历险记》是动画片中译配语种最多的，达十余种。电视剧译制语种最多的就是《媳妇的美好时代》，达七八种语言，可称作"王牌"电视剧了，在所播放的国家都大受欢迎。

如此大规模的电视剧译配，涉及这么多语言，在国内还是第一次。从传播的渠道角度和形式上看，既然有好的内容、有一定受众群、有《中国剧场》这个品牌在培育，我建议除了电视播出，可否考虑通过网络频道、移动端的频道来进一步拓宽现有的成效。

3. 国际传播细节操作之一：选择什么样的中国电视剧最利于国际传播

传播体裁确实是影响传播效果的一个重要方面，但是选择什么样的电视剧同样重要。要选择内容精良、制作上乘的中国影视作品，同时要根据对象国文化、民族、宗教、习惯等因素来把握选片，避免文化冲突。

选剧的标准：选片的先决条件是调研，在调研的基础上，再进行专家论证。

专家来自不同层面，包括原国家广播电影电视总局电视剧司、相关国家驻华使馆工作人员和中国电视剧总公司，每人分看一些剧集。最后开研讨会商定选择哪个，哪个不合适淘汰掉。然后被选出的剧目形成整个工程的选片单。每次专家组由五六十人组成，副教授以上的、业界的、与对象国有文化联系的、长期从事相关业务的、在社会上有经验的，还有外籍人员一起开会讨论。至少得开两三个会。国际台掌握的调研材料交由专家小组讨论，不少调研材料是从海外来的，专家组中必须有一到两名外籍专家，他们会提出不同意见。国际台有 300 多名外籍工作人员。他们对中外双方都比较了解。国际台会根据片单，做成小样片，直接给外籍专家看，他们会提出意见，然后在评审会上提出讨论。

外籍专家个人也会有自己的偏好，非洲朋友会以幽默题材优先，或者首选与他们国情接近的。比如近年的剧目《马向阳下乡记》，又有喜剧元素，又是农村题材的，非洲人喜欢，贴合他们的生活。与此相对应的，埃及制作方就会倾向于大制作的电视剧，如《汉武大帝》，有历史背景，有内涵，也有故事。每个国家不一样。基本上，都市题材的，爱情的、奋斗的、青年的，都比较受欢迎。

译制剧的种类选材：一般来说，家庭伦理剧在跨文化的时候比较容易被接受，而历史剧就难一些。现当代都市题材的生活剧，如《父母爱情》，虽然剧情背景设置是20世纪五六十年代，年代稍微久远，但接受起来比较容易。历史剧《琅琊榜》，包括《甄嬛传》，中国人觉得好，外国人却理解不了那么复杂的剧情。然而，这种情况也在慢慢地改变，比如前面提到埃及电视台希望播出《汉武大帝》，这是他们主动提出来要播出的历史剧。所以未来在选剧的时候也会拓宽、细化，像历史比较悠久、文化比较深厚的国家可能会按其需求提供些历史剧。都市题材的各国观众都能接受，属于“家常菜”。但老是家常菜又不行，传播效果也受限制。

4. 国际传播细节操作之二：角色配音对传播效果的影响

在对外传播的时候，内容是决定传播效果的核心。而内容制作加工的技术又是核心的核心。没有这个根本实现不了任何效果。

我们自己都有看国外译制片的体验，对比看字幕版的和配好音的版本，对多数人来说，配音的版本欣赏和理解起来更容易，效果更好。当然，配音的效果也会直接影响观看者的体验。记得在20世纪80年代末90年代初，我曾经去电影资料馆看现场配音的国外影片，所有角色的对白都是由一个翻译在大银幕旁边，一个小桌子、一盏台灯、看着台本、拿着麦克风，直接说出来的，那效果可想而知，跟乔榛和丁建华等老一辈配音大师的杰作比起来真是天壤之别。但是当时因为条件所限，现场配音大概也是权宜之计吧。

当年也曾有人建议《媳妇的美好时代》能不能配上字幕在非洲国家播出，因为从成本的角度来看，配音确实比单纯打字幕要高出许多。如果当时就是采用配以当地语言字幕的方式，也是可以接受的。因为此前对外传播的过程中一直就是这么做的。尤其是影视剧，多数都是翻译之后打上字幕就算是完成了译制版本。新闻电影制片厂的对外译制片就是这么做的，我们也一直是这么播出的。

在商量的过程中，中国驻坦桑尼亚使馆的刘东参赞，根据自己的经验和观察以及对非洲国家的了解，综合各方面的信息，最后敏锐地意识到一定要进行角色配音。坦桑尼亚使馆也支持刘东参赞的建议，一定要角色配音。看字幕，无论是本土语言字幕，还是英文字幕，都不太被接受。而用他们的母语配音，这样接受起来非常容易。

《媳妇的美好时代》开创性地采用了角色配音的方式，虽然角色配音本身并不是自《媳妇的美好时代》这部电视剧才开始的。

国际台的斯瓦希里语首席播音员陈莲英 1975 年就去坦桑尼亚学了两年语言，然后分别于 1989 年、1990 年又学了两年，在国际台“斯语组”还没有人学过这么长时间的。

电视剧《媳妇的美好时代》之后，《金太狼的幸福生活》等三部电视剧开始在境外选配音演员，陈莲英曾去坦桑尼亚参与挑选。她原来学习的时候曾在坦桑尼亚的电台工作，跟他们比较熟悉，第二次去电台时，她每个礼拜去实习。所谓实习就是和他们一个男播音员参加一档周播的国际新闻节目。当地人甚至都听不出来这些新闻是由一个中国人念的。但是陈莲英的声音他们是熟悉的：“一说话，他们就知道我是谁，夸《媳妇的美好时代》太好啦，等等。我说你们别老说好话，你们都能听得懂吗？”她这么问是有原因的。因为《媳妇的美好时代》里面都是北京话，有的话是很长的，“一嘟噜一嘟噜的”，说得又快，又是第一次翻译剧本，真的很难，担心也是必然的。国际台的工作人员原来都是翻译新闻的，翻译电视剧和翻译新闻稿件完全不一样。“当时他们就说都听得懂！”

据陈莲英老师了解：当地人都觉得斯瓦希里语配音，听起来非常亲切。他们觉得如果电视剧里的对白能用斯瓦希里语，是对他们的尊重。她还注意到如果在坦桑尼亚电视台的节目有英文对白或者配音什么的，他们自己会换成斯瓦希里语。从这一点也可以看出用其本民族语言配音的重要意义。一方面可能存在民族自豪感的问题，另一方面也是增加其对自己民族的认同感。

陈莲英在坦桑尼亚的时候就听到当地人说：“最高兴的就是没想到竟然还会有外国人说斯瓦希里语。”

陈莲英长期从事翻译工作，曾担任多部影视剧的审校、配音总监，她从专业的角度比较过配音与打字幕的区别。她说：“我试过。在四达公司参观的时候，他们好多片子来不及配音，就根据英语让外国人或者是留学生帮他们翻译，然后上字幕。就凭我这个眼力，我都只能看半行。我看得还算快的，根本还没来得及看完就过去了。”

尤其像《西游记》这样的古典名著，有那么多神话故事、宗教背景，照着字面翻译一句、两句上字幕，那真正的含义、那个典故的背景故事到底是什么根本没有说清楚。这是字幕无论如何也解决不了的。

回顾历史，斯瓦希里语在坦桑尼亚国家发展进程中发挥了凝聚的作用。因为坦桑尼亚在建国时，有一百多个民族，有好多小语种，后来统一用斯瓦希里语了。因为没有语言的障碍隔阂，政府还可以采取异地当官异地上学的政策。所以虽然有两大宗教、一百多个民族，但没有大的民族冲突，两大宗教和平相处。民族仇杀、民族敌对在坦桑尼亚没有出现过，这里面实际上是统一使用斯瓦希里语对各民族彼此了解发挥了重要作用。他们甚至认为讲斯瓦希里语在民族和国家尊严方面都有非常重要的意义。

刘东参赞也表示：用斯瓦希里语译配中国电视剧，使得当地观众觉得非常亲切，非常乐于接受。他 2015 年底离开坦桑尼亚，当时已经有十部斯瓦希里语版的中国电视剧在坦桑尼亚播出，而且收到非常好的效果。

现在回想起来，陈莲英倒不觉得翻译有多难，实在不行还有外籍专家可以商量。配音的难题，她记忆犹新：“就是配音的时候比较麻烦，我们那时候比较认真，配音的时候就想着，一个角色最好能够有一个合适的人来配音，能够配上就好了。所以我们找半天，包括里面有一个小女孩，找来找去找不着合适的。因为成年人模仿孩子的声音都不逼真，连最年轻的外国人也模仿不了，听起来不是那么回事。最后是把他们参赞的女儿给叫来了。参赞的女儿虽然已经 12 岁了，但是她毕竟与角色的年纪比较接近。然后跟她说一说剧情、角色的要求，她和她父亲还懂一点儿中文。然后再跟她讲讲，你应该用什么样的语气、语音来表达。她配完以后我们大家都觉得还行，但是有的角色就不行，真的挺麻烦。”

如果要想把一部电视剧译制好，配音是特别重要的，每个角色的声音都应该有特色，能够配上这个人。陈莲英也看到过，有些公司译配的电视剧中一个人给好几个角色配音，声音都没有塑造，效果大打折扣。“如果配音做得不好的话，前面翻译得再好，也是前功尽弃啊！”陈莲英痛心地说。

陈莲英说：“我们开始做的《媳妇的美好时代》，包括后面做的那几个，《金太狼的幸福生活》，等等，那都是配得很好的，真的不是吹牛，虽然那里面也有好几个角色是一个人配音，但是音色声调都是有变化的。”

曾经邀请来自肯尼亚的蒙巴萨人为主角配音。虽然肯尼亚和坦桑尼亚都是东非国家，但是语言还是有区别的。一般来说，肯尼亚人斯瓦希里语不是很流利顺畅，但这两个主角还行。遇到翻译句子长的情况，要他们加快一点语速，或是删掉一点不影响原意的词语，他们都能胜任。

坦桑尼亚的两个演员更加专业，如果需要，他们会变声调。在配音的过程中，对照剧本不会出现差错。在现场导演的指导下，他们还根据剧情把台词更加口语化，提升了传播效果。

当时刘东参赞还问过国际台，你们就从当地找两三个演员就能给整部电视剧配音吗？其实国际台还请了斯瓦希里语组的非洲播音员和会讲斯瓦希里语的中国播音员一起参加配音。有的人从来没给电视剧角色配过音，对角色对话的语气怎么把握，喜怒哀乐的表达能否到位，确实是个考验。因为《媳妇的美好时代》里面有很多吵架的场面，对情绪表达的要求很高。当时现场有配音导演，相当专业。有的外国人要配两个角色，导演就告诉他要把声音区别开，重新塑造不同风格。陈莲英一个人就给几个老太太配了音：有豆豆她妈、余味的姥姥和奶奶、余味妹妹曾经的婆婆。《妈妈的花样年华》里有个上海的老太太，脑子有点不清楚，神神叨叨的，陈莲英还想了很久怎么用声音塑造一下这个老人，现场的外籍嘉宾都挺佩服陈老师的。

陈莲英一直是这部电视剧的翻译和审校，所以她对剧情非常熟悉，对剧中人物的性格把握也很准确，在配音的时候她可以迅速判断和调整台词，而不至于有损剧情发展和角色形象完整。陈莲英说：“稿子是我弄的，我知道应该加什么。”连坦桑尼亚的配音演员都说：“没想到你真行！”

5. 国际传播细节操作之三：规范严格的译配流程

前面说到电视剧选定之后就要进行剧本翻译了。凭借国际台的专家、翻译人才，特别是小语种人才，把剧本从中文翻译成当地语言是国际台的优势。

翻译分好几个步骤，初译、定稿、润色、审校，至少是这四个步骤。这样能保证最后的东西特别地道。即便这样，台本拿到棚里去配音还得改，中文是比较精练的语言，有时候中文说一句话，外语得说两三句，外语是解释性语言。怎么压缩，把口型对上，棚里的事，好多细节。所以棚里要配一个双语导演，这个人得是国际台的高级职称的人员，到棚里跟当地人沟通，有些内容当地人不好改，也没有这个权利。因为修改、终审的权利一直是国际台所有。

国际台是国内唯一专门从事国际传播的国家级媒体，使用 65 种工作语言，是全世界使用语种最多的国际传播机构。国际台总部拥有翻译人员 1200 多人，境外建立了四个制作译制公司，拥有 73 年的对外传播经验，对东西方文化交流有着深刻体会和深厚积累，可以说是掌握了影视译制领域的“核心竞争力”。①

所以，国际台海外渠道多，掌握情况多，了解对象国，了解受众，懂得对外传播规律，熟悉国际合作规则。在“中国故事　国际表达”方面有着得天独厚的优势。

6. “中国故事　国际表达”跨越语言文化交际的翻译细节重要性

中国故事语言丰富、文化博大精深，而跨文化的语言转换需要

① http：//news.cri.cn/gb/42071/2014/01/23/5892s4401778_1.htm。

长期积累，国际台拥有65种语言的人才优势，在影视译制方面积累了丰富经验，可以有效避免出现语言翻译问题、文化冲突问题。

我更关心的是跨文化交际的表达。可能是因为学习语言的缘故，我对语言文化的跨越比较敏感。有人会觉得具体一个词语、一句口语的语言转换是不是太细微了、太细枝末节了，也就是你们学语言的人关注，别人可能不关注。那要看这个问题从什么角度去领会，我认为语言转换非常重要。在对外传播的过程中，首先面临的就是语言转换、文化跨越。语言本身就包含着文化，语言与文化是混杂交织在一起的，如果不能很好地跨越语言障碍，听众、观众就不能很好地理解你、了解你，进而就没法发展友好关系。虽然看上去很细枝末节，可能修改调整的大概就是一个词句，或者就是一个表达方式或者习惯用语，但是如果做到位了，就一下子被接受，入脑入心。如果做不好，不到位，就被排斥了。最重要的是，被排斥、不被接受，可能还不知道因为什么。那传播效果又从何谈起！

《媳妇的美好时代》是非常贴近现实生活的，台词里有些国内观众习以为常的表达，放在异国他乡就会让人摸不着头脑，怎样才能让剧中人物的对话既有韵味儿，又能让坦桑尼亚观众理解它的意思呢？负责剧本翻译、统稿、审校和配音总监的正是中国国际广播电台斯瓦希里语首席播音员陈莲英，她提起当年译配《媳妇的美好时代》，用带有苏州口音的普通话告诉我：“那是第一次啊，没有经验，困难挺多的。而且《媳妇的美好时代》这个剧里尽是北京话，一嘟噜一嘟噜的，有些北京人都不懂，不知道什么意思。翻译的时候当然要把所有的对话都表达出来，可是配音的时候，根本就不行，时间不够用。那时候组里小孩都是翻译新闻的，我也是。但我翻译的东西比他们多，也翻译过纪录片什么的。起码我知道的多点儿，再加上我是在外面学了三年的。”

不仅是翻译得多，有经验，还有就是意识，不是说找到对应的那个词就行了，得看真正表达的是什么，得把意思弄准了。

就拿剧名来说，陈莲英没有直译。她觉得这个剧名如果照直翻译就比较笼统，而且外国人只能对“美好时代”进行字面理解。而我们中国人善于在概括的中文里领会丰富的意涵，愈概括想象空间愈大。但是翻译就必须直指表达的核心意思，删繁就简、去粗取精。于是，陈莲英把《媳妇的美好时代》翻译成为《豆豆和她的婆婆们》，这样非常直截了当，外国观众在看到这个剧名的时候马上就知道这是个关于媳妇和婆婆的故事，而且还记住了剧中主人公的名字。

再有就是“你死我活”的翻译。

剧中人物发生冲突，常常会使用“你死我活”这样的词，翻译出来就是死啊活啊的这样的对应词汇。以前斯瓦希里语的教科书上有这样的用语，专指敌我双方“你死我活”的斗争。而且就只有这一种表达式，陈莲英也没有学过别的用法。现在这个剧情里的“你死我活”指的是紧张的婆媳关系，那原来教科书上的那个“你死我活”的译法是肯定不能用，斯瓦希里语的外籍专家对生活中形容家里面婆媳之间关系紧张的说法当然不陌生，他们说：“在斯瓦希里语里会用猫跟豹子来比喻这种紧张关系。”中文里有老虎，在非洲没有老虎的，只有豹子，猫跟豹子。就像我们国家有个传说，说老虎跟猫学了好多的本事，最后就是老虎本事大了以后把猫抛弃了，后来猫就特别生气。记得小时候听过类似的故事，猫经常会看见老虎就追它。在坦桑尼亚他们理解这个关系就是特别紧张，一点不能相容的。陈莲英听了如获至宝，不然真是不知道该怎么翻译才好。

翻译的时候经常涉及跨文化的内容，例如，翻译豪萨语版《北京爱情故事》的时候，有这么个情节：两个小姑娘在咖啡间聊天，谈男朋友的事情，一个就说他双鱼 A，我天蝎 B，他上升星座狮子我白羊。他是寅时的虎，我是未时的羊。无论东算还是西算我们俩都是天生的一对。大概就这么个意思。这一段如果直接翻译成豪萨语非常困难，即使翻译出来也不知所云，跟没翻译一样，人家根本听不懂。这时候国际台就发挥特色和优势了，翻译人员直接跟外籍专家交流，意思大概跟他说一下，最后翻译出来是“他是公狮子，我是母狮子；他是月亮，我是星星；他是亚当，我是夏娃；无论是欧洲的神话，还是非洲的传说中，我们都是天生的一对”。这就不仅仅是普通翻译了，而是非常到位的跨文化解释，而且准确地道。类似这样的精准跨文化编译事例比比皆是，随时发生。

还有一个类似的例子：“好心没好报”的翻译。

中文这五个字表达的意思要拿斯瓦希里语翻译出来，需要一大段话来解释，还觉得翻译得不到位。陈莲英苦思冥想，最后就突然想到斯瓦希里语有一个简单的表达，叫“驴子它踢你一脚”。斯瓦希里语里有这么个典故：你本来就是帮它干了一件什么事，那毛驴又不懂，你碰了它一下，它还踹你一脚，你想要驴子感谢你，其实它是不会感谢你的。就这个意思，跟“好心没好报”是非常接近的，这样翻译出来，讲斯瓦希里语的非洲人一下子就可以明白，还特别地道。

翻译《奋斗》这个剧名的时候，第一遍是找留学生翻译的，翻译成斯瓦希里语“磅巴诺”，意思就是争斗、打架的意思。陈莲英和外籍专家商量，改成“生活中的争斗”，奋斗本身也有这个意思，要在生活中挣扎，自己想办法抗争。如果只是字面直译容易引起歧义，以为是打架呢。产生这种偏差的原因是在翻译这部剧的时候聘请了一些留学生，他们拿到的是英语的剧本，又从英语翻译成斯瓦希里语的。那英语的片名就是争斗的意思，可不就产生了这种偏差。因为他们看不懂中文，只从英文字面理解，就容易产生翻译不到位的问题。

好的翻译人员需要有一种自觉意识，在进行语言转换过程中迅速找到原文最想表达的内容。这是在长期学习和实践中养成的思维习惯：不仅理解字面意思，还要时刻考虑到语义内涵甚至文化差异，准确理解源语言所蕴含的真正语义，然后再在目标语言中找到对应的语义表达。

在翻译剧本的时候，陈莲英和她的伙伴们还尽量考虑到目标语言当地的文化习惯。有一些当地人不能够忍受的说法，甚至语言禁忌，都很当心。电视剧里的对白会根据情节的设定偶尔会有些极端的场景，甚至语言里带些不雅的口头禅，都要尽量避免。在翻译豪萨语版《北京爱情故事》的时候，陈莲英就建议千万要避开一些对主干情节没有影响的不雅表达，什么“呸”“去你的”“狗屎”，等等。这种话翻译了以后，拿出去让外国人看了，在对中国国情和口语习惯不了解的情况下，会产生误解，所以不能“简单粗暴”地直译。规避并不是删掉了事，即使是口头禅。看似简单的口头禅表达的是人物的性格或情绪，一定要在目标语言中找到对应的说法，既表达人物性格和人物关系，又传情达意。要用一种比较巧妙的方法或者稍微文雅一点的语言替代。这需要对非洲人说话习惯的了解，特别是豪萨语，尼日利亚有很多穆斯林，忌讳也更多一些。

能不能把我们的语言，尤其是比较难懂的、像中文中成语那类的（因为成语一般都高度浓缩、有典故、有历史背景），找到相对应的、接近的目标语言，对翻译是个考验。如果目标语言中有语义接近的谚语，当然是最理想的。如果能做到这一点可能更贴近其国情、更受其欢迎，这样就可以算得上翻译得好了。

还是在非洲，如果有人去世要举行仪式的话，有一个专门的词汇叫“祭礼”，如果我们不知道这种生活习惯，就没办法用他们的语言表达。即使像陈莲英这样专业的资深翻译者也会有一些词语从来没有使用过。特别是国际台以新闻节目为主体，新闻词汇使用得比较多，有一些不常使用的生僻词不一定知道。有时候有些词汇就是找不到对应的词。遇到这种情况只好想办法和外籍专家沟通，沟通了以后，专家也不知道怎么表达，这种情况确实存在，毕竟文化不同。如果专家都说不出来的，那就再“退而求其次”，看看能不能找到一个语义接近的词语，观众可以确切理解并能够接受的。

翻译《媳妇的美好时代》的时候，大家翻译完了以后给外籍专家看，但是他们不懂中文，很多表达他们都看不懂；最后是陈莲英看，看了一遍以后修改；改的过程中好多地方要跟外籍专家沟通商量，跟他们做详细的解释，解释了以后中外专家再一起想，大概哪个词汇或者表达可能更合适一点，然后写上，就这样地来来回回，得好几个回合，基本上等于看了四遍。初译算是第一遍，翻译完了外国专家看一遍，陈莲英再看一遍，之后陈莲英再跟外国专家一起看一遍，最后才能定稿。

陈莲英说：“有时候跟一个老外商量还不行，得找好几个。因为每个人的生活经历不一样。像红包什么的，有时候你跟他们说，没有对应的生活现象和词汇，他们也不懂。”

因为有了《媳妇的美好时代》的经验，翻译后面的电视剧（《金太狼的幸福生活》《妈妈的花样年华》《老爸的心愿》）剧本的时候，为了提高效率和翻译质量，国际台就让每个人翻译完以后，就一对一地找外国专家审看，拿不准的地方跟外国专家沟通，尽量在初译的时候就争取用地道准确的语言表述。

提起当年带队伍，陈莲英说：“我们台里一直说我带了一帮娃娃兵。”一下子开始翻译电视剧台本，组里的年轻人也不适应，大家都要从头学起。原来都是翻译新闻居多，而翻译新闻和翻译剧本却完全不同。大家就边干边学，陈莲英手把手教他们，“不能嫌他们不会、翻译得慢，都自己翻译了，他们得不到锻炼，最后还是进步不了”。

初译完成，外国专家也审看之后，再到陈莲英这里审校。有的人翻译得不好，或者不会的，需要陈莲英补译；即使会翻译，但是外国专家看不懂的，陈莲英得帮着重新修改。改完以后，给他们记录下来，再发还给初译者，让他们自己看哪个是错的，为什么。这个过程对初译者的翻译水平提升很大，这么做也是为了让年轻人最大限度地学习进步，而不是专家改完就完成任务了。

其实这个过程很像当年我刚到北京电视台学习制作英语节目的情形。周播节目，每周要自己找选题、联系采访对象，然后带着摄像出去采访拍摄，回来自己写稿、翻译、编辑。翻译完的稿子要找外国专家帮助修改审定。当年北京电视台有一个英国人，叫罗文·西蒙（Rowan Simons），是我们国际部的英文专家，我们写完的英文稿子给他审看，他常常有看不明白的地方，就要不断地和他交流。他当时的中文还说不好，我们就得用英文跟他解释想要表达的是什么。有的时候，是一些中国特有的文化现象，作为外国人他就是不知道或者不懂；而另外一些时候是我们的语言词汇不够地道，要用啰唆的话语才能解释清楚想要表达的意思。当罗文听懂了我要表述的到底是什么的时候，他就可以迅速地找到确切、简练的用语来说明。每每这个时候，我都会恍然大悟，而且永远记住这种表达方式。这个过程就像导师带研究生一样，对我的帮助特别大。

陈莲英和国际台众多外籍专家们的作用也是一样的，在翻译电视剧剧本的过程中，他们的审校过程就相当于一种训练，对翻译水平的提升非常有帮助，年轻人们也会迅速成长。

《西游记》里面的经文更是难点，第一稿翻译出来以后，陈莲英又重新翻译。即使像她这样的资深译者，都要来来回回看经文的中文解释，看完中文解释，再根据意思尽量简短地翻译出来。虽然经文可能没什么实义，但是也表达了某种宗教思想，这种有意义的内容是必须翻译到位的，要不然一点经文的味道都没有又失去了原文的精彩。有的经文很长，经文的中文解释就更长，然后陈莲英就只能把最主要的意思翻译出来，然后给外国专家看，专家说能懂，那就这么翻译，如果看不懂，还得再去研究原文。

陈莲英参与译配《西游记》的时候，还发现：剧本是翻译好了，等到配音的时候，留学生看不懂剧本。而国际台的三个外国专家是帮助审校译稿的，他们都看过剧本，基本上不会念错，但留学生来配音，有的却念错了。究其原因，《西游记》中有些词汇不是日常生活中常用的，"老外也会念错的，他不懂那个意思的，"陈莲英说。

1997 年到 2002 年，陈莲英一直帮文化部翻译纪录片，翻译完还要帮助他们配音，这些经历使她积累了视频配音的经验，虽然翻译之前已经跟组里的年轻同事提醒过，不能翻译得太长，尽管这样，配音和原对白还是不合适。所以在实际操作的时候还是要根据对白时长进行微调，并且精益求精地尽量对上口形，要说也是很麻烦的。

7. “中国故事　国际表达”的新尝试：本土化译配的价值

本土化译配，就是找当地的配音公司，用当地的影视剧配音演员，或者著名演员来进行配音，然后在当地制作合成，再拿回来在中国进行技审、语言审等终审流程。审完后，认可合格了，再拿给播出机构挑选商谈，最后签订播出协议。

这个办法中国国际广播电台影视剧译制中心也摸索了很久，一步一步不断完善。一开始启动非洲项目，是把非洲演员请到北京来配音的，这在当时已经是非常理想的操作了，当然成本会高一些。效果也很好，前文已有阐述。但随着译制剧目的不断增加，国际台影视剧译制中心也在积累经验，可不可以做得更好，流程是否可以进一步优化？据孟毅介绍：当时给《北京爱情故事》配音，需要区别声音的大大小小的角色共 54 个，但邀请到北京来配音的本土演员只选了 6 个，也是有成本方面的考虑。这 6 个演员变换不同的音色、尽最大可能来使用，最多能配十二三个角色。剩下的四十多个角色怎么办？当然不可能使用那么多重复的声音。后来又请来了国际台的外籍专家，解决了四五个角色的配音；还剩三十多个，最后请了留学生，才完成了所有角色的配音安排。但是无论是外籍专家还是留学生，毕竟都不是专业的配音演员，成本问题也依然存在。给《媳妇的美好时代》配音的时候，聘请了五六个国家的四十多个演员，把他们接到北京来，前后工作了四个月。成本的高昂可想而知，人力物力的各种安排，人员的人身安全、饮食安全、健康保障，各个层面的组织工作接踵而至，应接不暇。最主要的还是译配质量达不到希望的高度。

经过那个项目之后，孟毅他们开始接触当地有资质的优秀的配音公司。经过合作发现：有资质的译配公司专业化程度高，经过磨合的译配流程效率高；另外操作难度相比在境内也有所下降，例如一个需要 50 个配音演员的电视剧，或者需要再多演员，在当地解决起来比请到中国来或者在中国寻找要容易得多，成本也更合理。另外很多译配项目用的是当地著名的甚至已经家喻户晓的演员。这些著名演员的加盟有助于提高中国电视剧在当地的知名度。一听是某某的声音,这本身就可以吸引观众观看了。再加上配音演员的再创作、再演绎，可能给电视剧增色不少。

现在大部分项目，而且未来所有的项目，都要实现本土化配音。

从另外一个角度看，本土化配音还有一个好处，在当地配音完成以后便于在当地推广，很多程序前置，例如译配和终审可以同步进行，宣传推广也可以和终审同步进行，节省了不少时间。目前明确了一个方向，就是在哪里播就在哪里进行配音。

很多国家电视台都有自己的译配机构。例如在蒙古的一个配音项目，与蒙古国家电视台合作，它就有自己的译配中心。国际台把稿件发给合作方以后，对方就用自己的演员进行配音了。

而从翻译本子到制作再到最后发行，国际台是全程监管的。在蒙古配音的项目，国际台有自己的译配导演在现场，有的时候电视剧里出现的个别画面，如果有的国家的文化习俗不能接受，就需要规避。例如剧情里有喝酒场面的，在伊斯兰国家播出就要尽量删除，这种修改，国际台的译配导演现场就可以做决定。

虽然西非有一亿到两亿人在使用豪萨语，但是尼日利亚和尼日尔根本没有配音演员这个行当，所以在非洲配音豪萨语版电视剧的时候，国际台从影视剧演员、记者和播音员中选了几个人，并且培训他们为电视剧配音。而事实上，完成了一部电视剧的配音工作之后，相当于为当地的影视行业增加一个新的工种，甚至产业。可以说尼日利亚第一批配音演员就是国际台培养出来的，他们现在也开始“接活”了。

国际台的本土化制作，体现在语言翻译、配音制作、管理运营多个方面。目前，本土化程度已发展到可以将除中方翻译、后期质检外的几乎所有译配环节全部前移到海外。在对象国条件允许的情况下，充分利用当地影视制作机构、人力和其他社会条件，就地完成译配，不仅降低工作成本、提升工作效率，也能减少当地运营风险，并有助于后期在当地进行宣传推广。

国际台坚持本土化译配与有效落地相结合，不断强化了国家多语种影视译制旗舰品牌的建设。①

8. 打造固定播出平台“中国剧场”

通过参加影视节展，中国驻外使领馆与所在国的文化外交，以及国际台驻外记者站总站的推荐，在海外播出的电视剧效果都不错，已经签约的仍然在续约。

在成功播出了电视剧《媳妇的美好时代》《金太狼的幸福生活》《父母爱情》之后，2015 年 9 月中国国际广播电台与埃及广播电视联盟签订了“中国剧场”栏目合作协议。根据协议，双方在埃及国家电视二台合作开办固定栏目——“中国剧场”，该栏目每周连续六天、每天播放 1 集中国电视剧。②

而且中国电视剧的收视率在埃及也连创新高。③

---

① https：//chuansongme.com/n/1650001952452。
② http：//gb.cri.cn/42071/2015/09/10/8011s5097525.htm。
③ http：//news.cri.cn/20160514/94f3a2bd-c430-9965-bd5f-8305de3fdd1d.html。

随着播出的电视剧不断增多，建立品牌以固定的形式播出中国电视剧就成为迫在眉睫的工作。于是国际台推出了“中国剧场”的固定模式。创建“中国剧场”是国际台开展影视对外传播工作以来，首次以固定栏目形式播出电视剧，实现了中国电视剧在埃及播出的常态化，为中国影视作品进入海外主流电视市场搭建了独立、稳定的播出平台。目前，国际台在对外交往中，全面推广“中国剧场”合作模式，将与更多国外媒体建立长期合作关系，向世界各国讲好中国故事，实现了从单剧播出向平台化播出的突破。

在“中国剧场”里有电影、电视剧、动画片、纪录片四种节目形态。而“中国剧场”在非洲率先落地，也是由于中国和非洲的渊源，基于中非政治经济的关系，把非洲作为突破口，让非洲受众认识到中国30多年的发展，再从非洲辐射到其他地方，比如拉美、亚洲、欧洲。

“中国剧场”由国家新闻出版广电总局①统筹支持，通过与各国主流电视媒体的合作，在其固定时段、定期播出本土化配音译制的中国优秀影视节目。目前，该项目已在非洲、亚洲、欧洲、拉美及大洋洲的多个国家实现落地。②

2017年1月，中国国际广播电台与牙买加公共广播公司在牙买加首都金斯敦签署了“中国剧场”播出合作协议。根据该协议，双方在牙买加国家电视台合作开办“中国剧场”栏目，该国观众首次观赏到了英语配音版的中国电视连续剧。③

---

① 2013年，国家新闻出版总署与国家广播电影电视总局合并，组建“国家新闻出版广播电影电视总局”，后更名为“国家新闻出版广电总局”。

② https：//chuansongme.com/n/1650001952452。

③ http：//news.cri.cn/20170122/82a6a56a-337d-7b38-503a-76d2904e7634.html。

2017年2月，中国国际广播电台与新西兰电视台37频道在新西兰最大城市奥克兰签署了“中国剧场”播出合作协议。新西兰观众很快首次观赏到了英语配音版的中国电视连续剧，这也将是中国电视剧第一次登陆大洋洲。①

随着“中国剧场”栏目落地新西兰，中国国际广播电台已与23个国家的国家电视台签署或达成该项目的合作协议和意向，覆盖五大洲。“中国剧场”已成为中国文化与世界各国交流的名片。未来，将有更多国家的观众通过自己的母语收看中国的影视节目。

2017年3月，中国国际广播电台与尼泊尔国家电视台合作开办的“中国剧场”栏目首播仪式在尼泊尔首都加德满都举行。国家新闻出版广电总局工作组代表国际台向尼泊尔国家电视台转交首播节目——尼泊尔语版中国纪录片《西藏故事》，该片将在尼泊尔国家电视台的“中国剧场”栏目中播出。②

在推“中国剧场”的时候，国际台也有个理念，就是把“中国剧场”打造成中国企业在海外的自我宣传的平台。例如在埃及，百度搜索引擎和长安汽车已经开始投放广告了，长安汽车可能还要为“中国剧场”冠名。继埃及之后，还要在其他国家复制这个模式。中宣部领导非常重视“中国剧场”在海外的推广，专门做了批示。而这个模式在海外也受到欢迎，原来都是一部剧签一个播出协议，未来有望只要是能签“中国剧场”协议的都签“中国剧场”。播出

① http：//news.cri.cn/20170217/8b061551-ef5f-ca59-c753-6fb5cb579a03.html。

② http：//news.cri.cn/20170309/28aa82c3-1b43-b4b1-72c3-7dd5be66e449.html。

机构也希望固定播出中国电视剧。

案例研究之二：国际学生北京夏令营

讲好中国故事，既要有责任担当，也要遵循规律、改革创新。要积极创新宣传理念、话语体系、运行机制，拓展传播渠道、方式方法，汇聚更多资源力量，把“我们想讲的”变成“受众想听的”，把“受众想听的”融进“我们想讲的”。在这方面，北京市国际教育交流中心的创新型国际学生北京夏令营就非常具有创造力、感召力、影响力。

北京市国际教育交流中心是北京市教育委员会的直属单位。在北京市委教工委、北京市教委领导下，专门负责北京地区国际教育交流与合作事务，组织、协调北京市国际汉语教学工作，开展汉语国际交流与合作。

2008 年奥运会之后，如何在世界面前展现当代中国，特别是展现中国年轻人的精神风貌，成为北京市国际教育交流中心的重要课题。用什么样方法来展示好呢？交流中心的谷天刚主任说到这样的观察：我们自己的孩子出去，无论读书还是旅游，对亲身体验到的异国文化风土人情印象深刻，潜移默化的影响非常大。

那为什么不让其他国家的孩子们到中国来看一看呢？

其实，日本、美国及部分欧洲国家早就有类似的做法。他们邀请其他国家的孩子到自己国家访问。2008 年汶川地震后，俄罗斯邀请中国地震灾区的孩子到俄罗斯，参加夏令营。虽然这种情况很特殊，汶川的孩子们事实上是到营地去休养疗伤的，但是在这个过程中，孩子们亲身体验到的必定有文化的一部分。所以从某种程度上说，这就是一种文化的传播。经过一系列的准备组织，有了第一届国际学生北京夏令营：2009 年第一次邀请到十几个国家的 97 名中学生来北京参加国际学生北京夏令营。

近几年，每年都有一千多名 14 岁到 17 岁的国际学生来北京参加夏令营，现在变成了北京市政府非常有代表性的文化交流项目。每年暑假，主办方选择北京最具有代表性的地方举行开营式。第一届是在太庙广场，第二届是在清华大学，第三届是在园博园北广场，第四届是在中国国家大剧院，第五届是在雁栖湖国家会议中心，2017 年是在国家会议中心。每年都选择最好的场馆场地，组织夏令营开营式，浓缩展示北京的教育成果。

主办方希望展示北京学生原汁原味的状态，并不是在各个学校挑选学生组成一个什么团体来参加夏令营，而是以一个个北京的优秀学校为单位同期参加夏令营。中央电视台的《新闻联播》每年都会播出夏令营的许多活动以及开营式、闭营式。每年组织者也会绞尽脑汁想方设法让孩子们深入了解北京的方方面面，有一年主办方安排营员们去农村，还让中国学生把外国学生带回家去住一夜，与中国家庭一起度周末。家长们想尽办法带他们去最特殊的最有意思的地方。所有活动结束之后，外国孩子对整个北京就有了一个概念。对参加国际学生北京夏令营的学生进行的调查显示：大约有 98% 的学生都是第一次到中国，从来没有想过中国是这个样子，北京是这个样子，北京的老百姓那种安逸、美好的生活图景令他们形成对中国的第一印象，感触很深。

1. “北京表达式”受到怎样的欢迎

在国家大剧院举行开营式那次，就一个节目——北京四中的合唱团表演无伴奏合唱。结果仪式结束后，俄罗斯代表团一位著名的指挥说，从来没听过中国这么好的合唱，而且是中学生唱的，表示一定要请北京四中的学生去俄罗斯交流。

闭营式的时候有北京第八十中学的舞蹈，简直太美了，又让夏令营的学生们特别震撼。韩国使馆没有通知韩国的代表团有表演环节，韩国的代表团来了之后发现有这些表演项目，韩国教育厅的人当时就和他们自己使馆的工作人员当众吵起来了，觉得丢脸了。结果第二年韩国代表团来的时候，带了各种各样的鼓 16 面，是一个专业的女子鼓乐队，他们说那些鼓都极其珍贵。团员们每天晚上拿出一个小时练习，后来才知道，代表团中有一部分人是他们国家艺术团的成员，就是为了要在夏令营闭营式上展示一下。中国的学生们就说咱们也不能丢脸啊，大家都紧锣密鼓准备，闭营式联欢的时候，他们是鼓乐加舞蹈，中国是新疆的民族舞加民乐。演出非常成功，韩国人不相信中国的节目是中学生表演的，认为是专业人士，最后在学校的宣传栏上找到这些学生的照片了，他们才相信：原来这些就是你们普通的中学生。后来韩国的文化参赞说，来参加夏令营的可是我们全首尔高中里边挑出来的最好的学生。可见韩方对这个项目有多重视。

北京市国际教育交流中心的李军副主任是 2013 年开始参与这个项目的，她回忆说：“2013 年的时候发邀请出现了一些问题。前期的沟通成本很高，对方会一遍一遍地回邮件询问，这个营是怎么回事？想达到什么目的？我们在夏令营里都做什么？你们为什么花钱邀请我们去呢？等等。当时似乎还存着一点戒心。”

“像今年（2017 年）邀请的时候，很快就有了回复。每年都是在 12 月份圣诞节前，给各个学校发圣诞贺卡（Christmas card）的时候就同时发出预约邀请，然后对方马上就确定了，说我们肯定去，然后就要求多给些名额，所以今年的邀请特别顺利，今年的国家数也是最多的。”李军的语气中颇有些自豪。

当然这背后和国家的实力、国家在政治舞台上的地位提升是分不开的。现在再发邀请的时候，对方就不会问那么多为什么，而且他们也是特别想了解中国才来的，所以回复就特别快，然后几乎每个国家都在争取更多名额，都想多来几个学生。

2017 年加拿大就申请多加两个名额，这也跟他们此前了解到的这个夏令营都有哪些活动，都参观什么地方有关系。有个西班牙的带队老师已经连续第 4 年来参加这个夏令营了。他刚来的时候，就觉得中国象棋特别神奇，然后到他 2016 年来的时候，每天晚上自由活动时间，他都要拉着中国老师和学生一起下象棋。这几年间，他不仅学会了下象棋，连下棋水平都提高了。夏令营的老师跟他开玩笑说，他从帅哥变成了帅大叔，还一直来中国。

如果不喜欢，为什么要年年来呢？为什么要年年争取这个带队的机会？

2011 年，有一个加拿大的学生，对中国没有概念，中国也不在他的视野中。但是他奶奶来过一次中国，告诉他一定要去中国看看，不然将来会后悔的。结果他就来了，回去之后还写了一封挺长的感谢信，大意是说，改变了他一生对中国的想法，有可能也会改变他的人生走向。他原来觉得自己跟中国不会扯上什么关系，他也不关心中国和加拿大的关系，而关于对中国的一些描述，他之前也并没有什么印象。来到中国之后，他自己亲眼看到的和感受到的与之前的耳闻还是有出入的。那他当然更相信自己看到的和自己所体验到的。作为个人，他可能改变不了什么，但是这种亲身体验可以让年轻人接受一个观念：就是对一个不同文化、不同民族的认知是要靠自己去感受，而不是只听别人的转述和宣传。

每个人在自己国家的媒体上看到的别的国家，有可能会带有片面性，或带有政治上的需求，而每个人自己去感受到的、认知到的，可能成为“道听途说”的有力补充。实际上这种认知的平衡可能更重要。在互联网日益模糊了国家边界的未来，这个地球村里的年轻人如果能够正确地感知、正确地不带种族偏见地去了解不同文化背景、不同信仰、不同肤色的人的文化，然后从了解变成理解，这样的未来、这样的世界才能更和谐。实际上偏见都是因为不了解。

这个国际学生北京夏令营的意义正在于此。

可能一开始来的时候，他们对中国并不了解，但是经过这十天夏令营之后，认识上的前后反差却相当大。

刚入营的时候，有的国家有一些人可能会带着那种小偏见，带着一点有色眼光来看中国。但是随着这个营往前推进，看得多了、感受得多了，其想法就会慢慢改变。人都是这样的，只要付出真诚，对方就能够感受到，也同样会以真诚回馈。夏令营安排的活动如此丰富多彩，孩子们确实可以说是流连忘返。所以到最后临走的那几天，孩子之间的友谊也建立起来了，尤其每一次闭营式完了以后，孩子们都是依依不舍，甚至是抱头痛哭。

2017 年 3 月 23 日，中国驻孟加拉国使馆给北京市国际教育交流中心发来一个明传电报，并转北京市教委，要求在夏令营之外另选派 50 人，提前来北京。希望按照夏令营的模式先接待一批孟加拉国学生，2016 年已经这样安排两批了，2017 年又是一批，然后夏令营再派人来。费用由使馆出。

为什么？想必是这样的形式大受欢迎的缘故。所以使馆愿意一批一批地安排这样的行程。想想孟加拉国的学生来参加第一届夏令营的时候，孩子们是夜里到北京机场的，晕晕的还什么都没看见呢，在从机场开往市区的车上就跟我们的导游和翻译人员说：“感觉中国比我们还落后。”

也不知道这是哪来的认知，并没有人给他们介绍过中国，他们就是这样认为的。可能有一些先入为主的印象，或者从欧美的老电影里看到的中国就是男人梳着长辫子，清朝的样子，觉得中国很落后。

然而从第二天开始，参观、游览、各种体验活动应接不暇，孩子们对中国的认识一下子就转变了。夏令营结束之后，中国驻孟加拉国使馆就发来电文，表示这次夏令营从根本上转变了孟加拉国青少年对中国的印象，你们做的这个活动在外交上意义重大，所以使馆还希望能加大力度，继续这种模式，费用由使馆出。在那之后就派了两个团过来。外交部也有自己的服务中心，理论上是可以安排这样的项目的，但是北京市国际教育交流中心的安排不同于普通的旅游接待，而是按照青少年的特点设计行程、活动、体验，并安排他们与中国同龄人交流，这样的效果非寻常旅游可以达到。

2017 年 4 月 14 日，孟加拉国使馆再次发函，除了夏令营之外的第三批学生又来了。但相比较而言，夏令营的效果是最好的。孩子们没感觉，因为同一批孩子们参加完夏令营不会参加其他的，所以没有比较。而使馆方面经过比较发现还是夏令营对孩子们的影响最深刻，效果最好。因为夏令营的整体组织、场地规模、课程体验、活动设计等都是基于数十个国家共同参与、千人基础上的，有些活动和体验是规模太小的访问团无法实现的。

有一些国家的中学生团组就是通过中国驻外使馆邀请的，使馆甚至认为这个活动在某种程度上替他们做了很多工作，所以像巴基斯坦、孟加拉国等一些国家的使馆就特别重视这个夏令营的邀请以及后续工作。比如，营员们离开本国之前，使馆的大使夫人会开欢送会。夏令营结束回去后，使馆还会给他们开总结会，甚至总结会还被媒体报道，新闻稿都发给北京市国际教育交流中心。从效果层面看，这些年积累了一系列经验。当然，我们可能也不得不考虑到这个活动是免费邀请的，是否会吸引更多人来。但反过来想一想：如果效果不好的话，花费的时间和精力是自己的，还会这么踊跃吗?！所有参加过夏令营的学生团队，现在还没有一个国家参加了一次之后，就不愿意再来的情况。

各国的学校都把组织学生参加国际学生北京夏令营作为跟中国交流交往，特别是了解中国、体验中国的最主要的途径之一。例如土耳其安卡拉第一中学，它是培养总统、总理的摇篮，比北京的“人大附中”还厉害。这个学校每年一定会派人参加，而且早早地同主办方联系。还有泰国，泰国是由教育部的基础教育委员会专门在全泰国举行汉语竞赛，获胜的选手才能获得参加国际学生北京夏令营的机会。在泰国，有不少汉语培训项目（国家汉办就有）给泰国的基教委名额，他们不去，偏偏就要参加国际学生北京夏令营。还有塞尔维亚贝尔格莱德数学高中，那也是欧洲的名校。很多欧洲国家的学生都要报考这个学校的高中，它是一个特色中学，培养的就是将来的精算师、数学家这样的专门人才。贝尔格莱德数学高中每年也派人来。为什么一定要来参加国际学生北京夏令营？对方说这种开拓式的、敞开式的交流和自理生活方式，让学生们除了学习之外，可以学到更多的东西，能力的培养、见识的增长等于为学生们打开了另外一片天地。

据介绍，现在我们国家的驻外使领馆已经把国际学生北京夏令营作为对外交往中的一个非常受欢迎的项目来推介，如中国驻希腊使馆、驻巴基斯坦使馆、驻立陶宛使馆，等等，全都积极争取参与这个项目。有一年，一个芬兰的学生，在夏令营期间接受中央电视台采访，说从没来过中国，这次来到中国之后，看到跟自己同龄人的生活环境和生活水平，感觉到很惊讶。他在这儿还体验到普通百姓的家庭生活，喜欢上了中国，表示将来一定要到中国留学。有一年，当时的国家领导人还接见了夏令营的学生——美国一个高中的学生，被邀请到中南海去做客了。

2. 传播效果最好的受众为什么是孩子们

参加夏令营的是来自世界各地不同国家的 14 岁到 17 岁的青少年。青春期的孩子情感体验更敏感、细腻、丰富，认知能力正在进一步发展。这个时期的青少年摆脱了儿童时期的单一的具体运算和简单形象思维，开始进入抽象思维阶段。他们对世界的认识也受到文化、经历的影响。

第一次夏令营的经验摸索充分彰显了北京市国际教育交流中心的使命，尤其是在向世界，特别是向年轻人宣传展示中国方面，有着不可估量的作用。再加上将来这些孩子因为有了夏令营的体验，感受了北京，今后很有可能到北京的高校来读书。于是，在 2011 年国际学生北京夏令营就开始有了一千人的规模。

那一年的开营式是在太庙广场举行的，非常壮观。开营式上，一位加拿大的学生作为外方营员代表发言，他说：“从小听奶奶告诉我，在这个地球的最东边有一个特别古老的国家，那里的人跟我们的皮肤不一样，头发是黑色的，但是那儿的人都特别勤劳，他们的食物很好吃……所以我就一直幻想着哪一天能来看一看。今天我来到这儿之后，在这个场景下，我以前没见过这样的建筑，没见过这样的颜色。”

时任北京市教工委书记赵孟桐在开营式现场听完了这位加拿大少年的讲述之后就说，电视台说多少宣传的话，报纸登多少篇文章，不如他们（孩子们）过来看一看。这事做得好，今后还要接着做。

从 2011 年开始，每年的夏令营都会安排境外的孩子们既了解中国的传统文化又观察现代化的发展。比如亲身体验 APEC 会址——雁栖湖会议中心、国家会议中心、中国大剧院，还有园博园、清华大学，等等。

3. 文化传播注重营造整体氛围而匠心独具

基于国际理解教育或者是中外文化交流的理念，怎样来设计创作国际学生北京夏令营的整体氛围和互动环节，以帮助外国孩子尽快地融入中国文化和中国当今国情的主旋律情景当中呢？以 2017 年为例，2017 年的营地设在一所私立学校。设置营地的这个学校本身就是一个比较高级的、充满了中国古建筑风格的场地，而且规模宏大，场地宽阔，空间灵活。

提前两个月左右，主办方就根据营地的环境设置了具体的环境设计计划。比如充分利用营员每天从教室到宿舍到食堂进出营地的主要的通道空间，设置了 7 幅 10 米乘 3 米的大型壁画；所有这些壁画，有一个统一的概念叫作“中国名片”。就是基于中国当前在科技、交通、互联网、金融、经济、航天等多个领域所取得的辉煌成就，以非常具体化、数量化、图表化的形式，配以中英文说明文字，来体现中国领先或者居于世界前列的成果。任何一个营员走进夏令营，都能扑面而来地感受到这些直观壮美的画面内容和成果体现。每天走去相邻的各种活动场地时都会从这些画面前经过。在潜移默化的环境中，他们就了解、接触、观察到了当今中国的这些基本形象和大国地位，就此构成了一个对中国初步了解的氛围。特别是还设计制作了一幅超大的12米乘18米的巨型壁画，是以中国“一带一路发展现状与未来远景”为主题。其中把“一带一路”的发展历程，给世界人民带来的福祉，以及中国在推广“一带一路”倡议时的各种设想、做法、成果、贡献都体现在这幅巨大的壁画上，整个效果非常震撼。基本上也是所有来到夏令营营地的媒体、来宾首先会关注到的一个画面。

这个环境设置还算是一个比较硬性的东西，而更多的中国声音和影响力，还是通过坚持一种个性化体验的主旨来实现的。在这方面，2017年的这个夏令营也做了许多有益的尝试。比如许多外国留学生在来夏令营之前就听说中国现在有了领先世界的“新四大发明”，包括在线支付、共享单车、高铁等。那些外国营员99.99%都是第一次来中国，来北京，在他们脑子里，对中国的印象是一张白纸。怎样在这么短的时间里让他们了解中国最美好、最优越、最先进也最人性化的那些发明、发展和创造？于是夏令营的主办方就专门设计了一些活动。比如说，要求每一个参加夏令营的中国学生携带自己的智能手机，然后给每个学生以他所能负责联系和带领的外国营员的数量为单位，给每个营员50元钱储存到这些中国营员的智能手机里。然后组织他们到北京南五环的一个最大的购物中心，来一次以移动支付、购物、餐饮为体验内容的活动。这个购物中心的水平、商家的数量、餐饮的数量、娱乐的数量，在北京或者在国内应该都是位居前列的，非常浩大。这个活动，虽然只是一个单一的设计项目，但是从最后所有营员对夏令营多项活动进行投票，选出心中最爱的活动项目结果评价来看，它是最受欢迎的活动项目之一。整整一个下午，所有的外国学生在购物中心意犹未尽乐此不疲。一方面是对于我们使用手机就简单快捷地完成在线支付，赞不绝口，甚至目瞪口呆。另一方面是对中国商品的种类丰富和价廉物美、琳琅满目感到非常满意、非常震撼。最后所有的学生都是大包小包，唯恐自己手不够用，购买了许多他们喜欢的东西。从各种各样的文具、玩具到无人机、美食，都带回了营地，当然将来要带回他的国家他的家乡。

我们相信通过这种基于日常生活的体验，来从中了解中国现在居世界前列的最发达、最先进的生活方式和社会发展水平，给人的印象应该是最深刻的。从营员们的行为反应也证明了这一点。主办方原本还设计了让他们到一个特定的公园里去，通过手机骑一骑共享单车。后来因为外国营员的规模，数量太大，出于安全的考虑，没有成行。尽管如此，这也体现了主办者希望以尽可能丰富的内容来安排、让外国孩子尽可能多地了解中国文化先进的、科技领先的方面之主旨。

与此同时，与开展中国文化体验课程同步，夏令营还有大量的文化参访活动，包括例行的参观首都博物馆、游览故宫、颐和园、攀登长城等。孩子们对这些具有深厚中国文化内涵的景点场所也都非常喜欢。当然，这些场所，普通的旅游者也可以了解。我个人感觉孩子们投入精力更多、印象更深的其实还是那些他们自己参与交互的活动。比如与课程相伴的三个活动特别受他们欢迎。

一个活动就是为了强化和凝固孩子们对夏令营、对北京、对中国的印象，特别是这样 30 多个国家的青少年在一起，对相互了解、相互学习、相互情感融合、相互文化碰撞的难忘的夏令营的记忆有一个有形的表达出口，组织者专门设计了一个“手印墙”活动。这个项目大概用了3个小时的时间。全体营员用五光十色的各种颜色的彩笔在一幅巨大的白布上印下自己的手印，写下自己的感言。当时的场面非常感人。面积在几十平方米大的手印墙上，密密麻麻地印满了手印儿，写满了留言，抒发了孩子们的情感和心灵触动。然后这个活动就延展到了每一个营员的营服上、身上，甚至脸上。彼此留言留念，也留下很多孩子的泪水和欢笑。我相信，那一刻一定会牢牢地印在他们关于北京的记忆里，一生都难以磨灭。

而每一年夏令营的情感交流最高潮、文化体验最高潮，还有各国青少年的风采表现最高潮，就是“国际友谊嘉年华晚会”。2017年的“国际友谊嘉年华晚会”分成了两大部分，一部分是在一个大型的室内体育馆里。

由参加夏令营的三十几个国家的学校，还有我们北京的十个学校分别“摆摊儿”，作为自己国家的展台来展示各自的文化风采、国家形象。现场载歌载舞、欢声笑语，大家分享互赠小礼物。那个场面真是非常快乐、热闹和丰富。孩子们的天性得到了充分释放。他们品尝最具代表性的各国的小点心、美食、糖果，交换着具有不同文化风貌和背景的小纪念品，把对这个夏令营的美好记忆又推到了一个高峰。

更高的表现形态在于这个嘉年华的第二部分，就是当晚在礼堂里进行的嘉年华文艺演出晚会。这个嘉年华演出晚会的组织工作，甚至早于夏令营的开营式。在夏令营开营的前一个月，主办方就给各国领队写信说明会有这样一个活动，希望他们提前准备组织自己的节目。因此很多的国家都事先准备了具有民族特色的服装、乐器和节目形态。因此，这个嘉年华的整个晚会的内容异常丰富多彩。在为期十天的整个夏令营的几乎每一个晚上，组织者都在设计节目、组织节目和审查节目。而事实上整个的设计、组织、审查过程，都是在主办方的老师指点下全部由营员自己主持、自己完成的。到了演出开始直至结束，整个过程欢声不断，各种表演形式，各种民族文化，不同国家的节目异彩纷呈，令人目不暇接。特别是有一个加拿大的营员，自己谱曲、自己填词、自己弹唱，把这次国际学生北京夏令营的所有内容都串联在一首歌曲里，引起所有人的共鸣。这个加拿大的女孩以她的歌声，通过这种绘声绘色的个性表现，再一次把大家带入刚刚经过的这十天夏令营的所有历程。

当时，全场的孩子们都自发地打开了自己手机的手电筒功能，全场星光熠熠，台上台下交相辉映，场面异常感人。由于这个节目的效果实在强烈，以致在现场还安排了返场演出，第二次登台仍然是这样强烈的效果。然后嘉年华就在一片依依不舍的合影留念、泪水和欢笑中合上了大幕。

上述活动，无论是文化课程、参访活动、手印墙、投票墙还是嘉年华，总的效果都满足了以下几点：

第一，非常正面——以丰富多样的、个性化的形式宣传了中国，给出了阳光、先进、和谐、日新月异发展的这样一个正面的国家形象。

第二，如果从“中国故事　国际表达”的视角来解读国际学生北京夏令营的活动，夏令营所有活动的设计应该都是本着一种非常感性的、人性化的和充分照顾到对象个性的宗旨。所有活动或者说也是一种中国故事的具体载体、具体讲法。这种讲解方式比我们直观地、直白地、简单地灌输概念，效果要好得多。很多孩子因为喜欢课程的主题、喜欢活动的形式、喜欢在这个活动形式当中自己的表现而爱上了中国文化、爱上了中国。这种潜移默化的效果可能是连学生自己都不知不觉但却的的确确达到了很好的“说服”效果。

第三，来参加夏令营的各个国家的营员，虽然都是学生个体，但是许多外国营员的团队都是所在国的教育主管机构经过选拔推荐来的优秀学生。他们在作为民间交流使者的意义上也在推动和发展着国与国之间的相互理解与融合。在当今世界复杂多变的国际形势下，国际学生北京夏令营，应该说也起到了一种中国在外交之外，重要的、多层次的、从青少年做起的一个注脚和不可或缺的补充。它的补充的、注脚的效果还常常是我们那些常规的外交形态和手段所不能替代的。因为，国与国、文化与文化之间，所有的相互尊重、相互接纳，全部源于相互了解和相互理解。

这个夏令营连续举行多届以来，它的内容形式都在不断地深化，人员国别也在不断地增加，所达到的效果也一届比一届好。应该说它正逐渐成为北京教育、北京乃至中国青少年、中国的一个面向世界的神采奕奕的崭新名片！也是在这个意义上，这个夏令营将会被长期坚持下去，而且会越办越好！

4. 活动效果上，亲身体验是最受欢迎的

对夏令营的孩子们来说，中国故事就是实地考察体验。要让孩子们感受现代的北京、体验比西方任何一个国家的城市都更安全的北京。

营员们在北京的体验首先就是衣食住行，生活中最普通的事。比如手机移动支付，许多国家都没有实行，所以外国孩子们没经历过。然而在北京，连卖早点的小铺都可以用手机支付。第一次使用，确实让他们感觉很神奇。去圆明园附近看中国的现代农村；

节能减排，就去看农村的这种沼气生火、生产情况；工业化，就去看现代汽车制造厂，看汇源果汁生产线；教育，就进职业学校、中学、高校去参观……

作为一个在北京举办、参加营员数量最多、规模最大、包含国家最多，也最具影响力的国际学生北京夏令营，每年都有几十个国家的近千人来参加。除了实地参观考察，另一个感受北京感受中国的主要内容就是中国文化体验课程。那么这些课程的设置是出于怎样的构想、夏令营自 2011 年开始举办以来又经历了怎样的发展？这些课程又发生过怎样的调整变化以满足不断更新的外国营员们了解中国的需求？

这个夏令营至 2017 年已经举办了七届。在这七届中，作为政府主办的青少年跨文化跨国别交流活动，国际学生北京夏令营肯定要弘扬和传播中国主旋律的声音和中国的崭新国际形象。因此夏令营里专门针对外国高中年级营员们的文化课程设置，就担负起非常重要的中华文化传播的使命。

据负责设计体验课程的方老师介绍，最早设置组织中国文化体验课程到现在这第七届，中间发生过最少四次调整变化。这些变化的依据有两个，一个是对这种体验课程的使命、目的的理解在不断深化；另一个是根据历年来参加夏令营的外国营员们的反应反馈，不断地做出调整，以帮助他们更加深入、直观、准确地了解中国、感受中国，甚至是认可中国、喜爱中国。

大概在第一届和第二届夏令营的时候，最早设置的中国文化体验课程还很像是现在中学和大学里针对外国留学生开设的普通对外汉语课一样，有具体的简单教材文本，然后在短时间内给学生讲解汉语的基本交流语句、字词甚至是拼音。因为夏令营在北京的时间一共只有十天，其中的文化课程也只有两个整天或者是四个半天。在这种情况下普通的对外汉语教学尽管也受到了外国学生的欢迎，因为他们毕竟会有一个初次尝试陌生的外国语言时产生的新鲜感和乐趣；但是后来发现由于时间太短，达不到我们预期的宣传推广文化和比较全面、准确地体验汉语的目的，连大致了解汉语都达不到。更何况我们更希望他们了解的，主要还是包括汉语在内的中国文化，而中国文化的内容又非常博大精深。

最早教汉语的模式，还要依靠具体的教材，就很像是学校日常教学。随后大概两届，就走到第二种课程模式，即教汉语加上少量的中国文化体验活动——主要是写毛笔字、剪纸、画脸谱等；就是在一般的汉语教学或者中外文化交流、语言交流当中经常用到的那些文化体验项目。效果也不错，但是仍然停留在一个比较浅显的文化交流的层次上。

到了第三阶段，大概是在2015年、2016年这两年，这个课程又变成了以宣传、说明介绍当今中国的政治、经济、社会生活方方面面的常识、景象为主。简单地说就是弘扬中国主旋律的内容。这些内容具体的传播方式和传播载体，则是通过文化的、艺术的、娱乐的，还有青少年比较喜闻乐见的一些体验活动形式、多种形态来体现，比如包括“中国与世界的关系”“中国人的生活”“这里是中国”等主题展开课程设计。以期达到“以我为主、直接让外国营员了解中国”这样一个目标。为了开设上述课程，从三月份开始主办方就要招募北京大学、北京语言大学的研究生，他们需要花三四个月的时间进行准备。因为要用英语讲45分钟的课程，信息量非常大，他们备课特别认真，也准备了不少图片等辅助手段。但在实际讲课的时候，孩子们听到后20分钟的时候还是不可避免地要失去注意力了。后来分析主要原因，中国老师的非母语讲述是否生动贴近？营员们接受起来可能会打折扣。另外这样传统的授课形式可能在吸引力上有所欠缺。试想，孩子们好不容易放假了，不远万里来到中国，怎么还是坐在这儿上课呢？由于相当一部分外国营员来自发达国家，由于既往所受的教育、固有的意识形态，已经对中国形成了一定的认识、印象，所以他们对这种比较直接也比较直白的、带有宣传色彩的说明解释式课程，不是很认同或者接受度不高。也就是说，过于直接的灌输效果反而不好。经过再三研讨，北京市教委和具体负责承办夏令营的北京市国际教育交流中心的领导最后决定进行调整：还是要使用青少年学生最为喜闻乐见的、适应青少年年龄特点的、符合营员们对夏令营本身形态预期的那些体验活动，甚至游戏来充实和承载文化课程的设计。尽量减少说教、减少概念、减少单向的讲解，更多地让孩子们跨越国别、跨越语言，甚至跨越文化，在共同的交互体验中尝试他们喜闻乐见的体验形式、游戏行为、DIY 实验、娱乐乃至科技活动等。这些形式在 2017 年夏令营做出了首次尝试。

组织者们通过交流，也借鉴了美国田纳西的一个艺术夏令营的模式。那个夏令营，就会提前提供一个课表，有各种艺术课程，像吉他、架子鼓、艺术化妆等，孩子们去之前就选好了课，感兴趣才会去上课，也可以提前相应地做些准备。

想法有了，但实施起来会有挑战。因为这个夏令营人多，900 多人，怎么让他们方便学呢？如果有 90 人选书法，200 多人选武术，只有 10 个人选卯榫，怎么疏导、平衡？这些都要事先安排预案和组织完善。如今，从效果上看，还是挺成功的，要比往年更成功。就是因为所上课程是学生自己选的，又是以同龄人的学生作为主导来安排组织，基本上没有你教我学的过程。就是参与，在动手的过程中去体验和感受。

这个尝试，由于课程形式新颖，课程内容丰富，课程种类繁多，使得近千名中外学生营员有非常宽泛的自由选择性；也就充分地照顾到了来自不同国别、不同文化背景、不同意识形态，甚至是不同民族和宗教的营员们，他们各取所需、自主选择，投入主办方设计的多种体验活动当中。

现在从效果看来，这个课程设置的方向是值得坚持并且深入拓展的，也是能够以最高程度的个性化来满足不同营员们通过自选的主题和项目来了解中国，体验中国的需求。

那么 2017 年夏令营的这种自由选择的、多种形态的、个性化的文化课程模式，跟往年比有哪些变化？效果怎么样？总结分析了以往历届开展中国文化体验课程的经验，最主要就是加强体验、加强游戏、加强自选而尽可能地避免和减少概念化、直白化，或很空洞的说教来设计课程。让外国孩子们了解中国、感受中国这个大目标是没有改变的。

但是具体采取什么样的了解和感受形式最好呢？这就要基于对孩子们心理活动特点、行为特征的了解来设计课程了。作为高一、高二年级的学生，也就是十六七岁的中外学生来讲，他们已经有了自己相对独立的世界观和方法论，已经有了自己基本成型的教育基础和思维模式。因此，尊重他们的个性，就应该尽量去满足他们自己动手、自己选择、自己体验、自己得出结论、在自己的体验中去发现其中的道理规律、感受其中的情感、了解和学习其中的文化内涵的愿望。最好的效果应该是基于对这种个性化学习方式的尊重。尊重了对象的特点和需求，我们所取得的传播效果应该就是最好的，也是最能够达到我们预期目的的。

2017 年的课程前后准备了将近 4 个月的时间。一开始就以相当大的精力整理设计出了将近 50 种不同的课程种类。这些课程种类，既有来自北京的各个优秀中学既有的校本课程，特别是中国文化类的课程，同时也包括从社会上一些专业机构中了解到的优秀中国文化体验项目。把他们糅合在一起的时候，课程就有了很大的选择面。同时精心设计了每一种课程的环节，创立出每一种主题的综合结构“菜单”，即不仅包含以往夏令营受欢迎的书法、剪纸、脸谱、武术、京剧、舞蹈、民乐、手工，还增加了具有更深文化内涵的古建卯榫、瓦当雕刻、衍纸艺术、扇面绘画、风筝制作等大量的广泛多样的中国文化体验项目。

这些主题的课程设置，一般以一个半小时为实施单位，设计出一套完整的从介绍、发问、交流、尝试、制作到展示、竞赛、分享、颁奖、传播等一系列的课程流程，融入每一个不同的文化体验项目当中去。

在设计这些以中国传统文化为主题的项目时，组织者还想到了另一个问题：我们设计的这些主题体现出来的都是中国的传统文化项目，是不是会容易使得外国营员对当今中国，特别是当今中国青少年的文化学习、文化成长方面所接触的知识面产生疑问，以为中国的高中生、青少年的日常主要学习内容只有这些东西。于是组织者提出，2017 年一定要增加当今中国最为活跃，中国青少年最积极使用、最为热爱的，属于科技类、创客类活动的一些项目：比如说 DNA 测试、人工智能、VR 虚拟现实、机器人，还有 3D 打印等。这些科技类项目实际安排进了夏令营的课程，大致占了整个夏令营体验课程设置的 1/3 多或接近 2/5。

最后，经过再三斟酌比较、整理设计，夏令营共提供了30种中国文化体验课程。课程总体有三个显著的特点：第一个特点是传统中国文化体验的东西，包括传统文化、手工制作、古代艺术等，大概占到了20项；另有十几项属于当今中国青少年的科技活动、创客项目。主办方还把这些课程活动项目做成精美的手册指南和分布地图。外国营员一进夏令营就发给他们，他们可以根据自己的兴趣爱好，在不同的两个营区内的学习日里自主选择不同的项目教室，自由进出参与课程活动。因为两天的课程内容安排，上下午共有16个小时的时间段；以一个半小时为一个项目单位时间，也就意味着他们一天至少能接触体验4个项目，两天就能达到8个项目。8个项目，还不到30个项目的1/3，但是也已经在保证组织有序的前提下，充分照顾到了营员们不同的年龄、性别、文化需求的个性化选择。所以这样做既体现了主办方提供的中国体验文化项目的多样和丰富，又照顾到营员们的自主个性选择。事实证明，这具有远比那种严格组织的整班整班地坐在教室里讲课听课好得多的交流传播效果。

第二个特点，就是这所有的30个文化加科技的文化体验课程项目，其中的引导者、讲解者、互动交流者都是以整个夏令营中的中国学生营员为主体的（当然也有一批要求比较高的，比如像高科技的VR项目等，需要老师和外请专家主持）。中外同龄人之间有更多的共同语言，交流无障碍，他们彼此相互学习的能力更强、效果也更好。以学生为主体来主持这些文化课程的展开和推进，最大的好处就是达成了夏令营本来的初衷。任何一种文化传播都要通过活生生的人，而这个传播交流的主体就是中国学生与外国学生，他们之间就中国文化的主题做直接的相互交流比较容易融合、相互理解，这正是夏令营最重要的目的。

可以说这些中国学生、中国老师面对外国孩子们时，既是讲解者、教学者，又是交流者、学习者、相互理解者；夏令营安排这样形态的课程和教学组织形式，获得了非常好的效果。中国的营员也反映，他们和外国营员同龄人之间就不是简单的寒暄问好、聊天儿，而是可以就一个或者几个文化项目、科技项目，共同探讨得失、切磋技艺、交流心得。也同时了解到相类似的、不同国度的其他国家民族的文化项目的教育是怎么实现的，有什么特色，以及外国孩子在对科技的学习方法上、对科学技术的探求方式上，有什么不同？大家在介绍自己的同时也了解了世界。

组织者始终坚持：任何文化交往都是相互的，是基于相互尊重的交流过程。这也是我们所说的国际理解教育的一个具体体现。

这样的课程设置的第三个特点，就是整个的文化课的学习过程非常活跃，也非常自主。比如在 3D 打印课程的教室，在拼装电子机械、模拟组织赛车的现场，在 VR 体验虚拟现实的现场，第一步的流程是由中国老师或同学们将操作步骤教给外国营员们的，但是接下来营员们要怎么做，则有着非常大的自由度。孩子们在自由创作的过程中就享有了充分的自主空间，不仅学习到了应学的文化、科技知识，也享有最大的自由创造的可能性。一个人可以去自由地创作自己心中的所爱所想带来的乐趣是最大的，体验产生的效果也是最好的。夏令营本来就是一个欢乐的聚会，所以这样的课程组织形式，也给所有的参与者带来了前所未有的一种课程体验。相比较我们以往的偏重概念灌输、单纯讲解，效果就好了许多许多。在这三大特点之外，主办方还准备进一步地坚持这样的一种尝试拓展的方向，甚至于要把未来夏令营当中的文化、科技类的课程选项，提前半年到一年进行，在更多的学校里选出那些已经卓有成效、有一定的实践经验也确实内容丰富的精品课程，带到夏令营来。并邀请平常参加这些文化活动、科技活动的精英学生骨干，挑选吸纳到夏令营来，以期这样的课程选择和课程推进，产生更深入、更良好的效果。

所以在这七年的夏令营当中，经过了以上这些变化调整，中国文化体验课程的大趋势就是越来越贴近不同国别背景的各国营员们了解中国个性化的需求。由于满足了个性化需求，虽然还是刚刚开始第一年的尝试，它所取得的课程效果，或者是传播效果，应该是很好的。主办方表示今后还将继续深化这样的尝试。

5. 文化交流中实现了怎样的互动、平等与理解、尊重

孩子们之间的交流渗透在夏令营的每时每刻。2017 年 4 月就给北京的学生们开始布置学习任务：了解美国、英国、澳大利亚、加拿大，还有孟加拉国、印度、巴基斯坦等国家的历史、文化、风土人情，之前要做好功课。就是作为一种研究性学习，了解这些国家的特点、疆土面积等常识甚至宗教信仰等。为了中外学生更好地交流，主办方会鼓励孩子们：谁投入得多，在这个营交流得多，谁的收获就大；如果不主动交流，只是以一个旁观者的身份观察别人，可能也是一种方式，但比起主动争取机会去交流，收获可能就少些。假如白天共同乘车的是美国和印度的营员，那晚上的自由时间就可以主动与其他国家的孩子交流，这样就会认识很多不同民族的同龄人，了解他们的所思所想、兴趣爱好。这就是一个特别大的平台，虽然说现在孩子们条件都特别好，放暑假也会出去旅游，例如去美国 20 天，又去了英国 20 天。但是去英国就只能了解英格兰、爱尔兰，去美国也只能了解美国的某几个州。美国南方北方、东西海岸还不一样，

连口音都不一样。自己旅游是有局限的。而在国际学生北京夏令营，不出国就能了解 32 个国家的文化、宗教信仰，这么大的一个平台，当然是谁利用好这个平台，谁的收获就特别大。而 2017 年当文化课程抛开了老师授课的形式，改成以北京孩子为主导，让他们与国际同龄人交流，这个互动的过程就非常有意义。

比如在教外国同龄人画熊猫的过程当中，中国孩子可能就感受到了：那个俄罗斯的孩子，非常开朗不害羞，学得特别快；那个东南亚的孩子，可能就慢热，进来 10 分钟了还很腼腆，一直在静静地看着你说，又过了 10 分钟他才变得自如起来。这种自然而然的人际交流，是非常顺应孩子们的天性的，我们会发现，不同的孩子，只要用心都能感受到不同的文化背景、不同的民族之间的差异性，自然收获就多，跟任何的学习过程是一样的，用心付出效果就好。

在鸟巢参观那天，到了田径场，夏令营组织了一场即兴由每个国家出一个学生代表来参加的 400 米田径赛。男孩分 4 组赛完之后，该进行女子赛了。200 个中国学生中竟然没有一个女孩主动报名参加赛跑，为什么？可能是女孩子腼腆，也可能是怕输、觉得输了没面子。结果是有一个女孩子跑得特别快，明显地快别人将近四分之一圈，但是在离终点还有差不多三四十米的地方，她就停下来了，等着后面所有的选手，然后手拉手，一直等到最后跑得特别慢的一个伊朗的选手过来以后，她们十几个女孩子拉着手一起冲到了终点。这一幕非常感人、暖心，在看台上的 900 个营员都发自内心起立为她们鼓掌。当时领队老师就对没有参加跑步的北京孩子说：“你们真的想多了，你们可能把输赢看得更重，而实际上人的一生中不只是输赢。”

通过这件小事，或许可以对我们的教育进行反思。在组织者设计这个400米赛跑的时候，也是希望大家可以亲身体验一下奥运赛场，而孩子们的举动可能是组织者始料未及的、是大人都做不到的。而这些女孩们的举动，是发自内心的，特别感人，也特别有意义。在夏令营中，每一天的每个活动、每个细节、每次互动，对中外学生们都是潜移默化的一种教育，是相互的彼此影响。

来的都是客，这是中华民族的传统美德，也是待客之道，基于这样的民族风尚，中国人一直视外国人为客人、为朋友。再加上中国是礼仪之邦，因此，人们才会对这些不同语言、不同肤色的外国人热情相待，给予他们充分的尊重。这样做的效果容易让有些外国人有高人一等的错觉。过去我们没有国民待遇的概念，比如机场边防，以前外国人的检查口就多于中国公民的检查口，外国人排队的时间短。当然现在改变了。

在夏令营里，自然也要讲中国的规矩。一直以来我们在跟世界交往的过程中，更多的情况是仍然按照西方式的、由别人制定的“游戏规则”来打交道，但是到了中国之后，到底应该是一个什么样的“游戏规则”才好？

所以到了营地之后，主办方会通过营地章程等各种方式明确：第一，客人、主人彼此尊重；第二，既然来参加夏令营，就要遵守我们的游戏规则——营规。这也符合许多外国人都认同的“契约精神”。

所以入营第一天，先立规矩。比如什么样的事，是允许的，什么样的事是赞成的，什么样的事是我们可以忍耐的，什么样的事是坚决不允许的，不留情面、要处理的，都一二三四，跟大家讲清楚。那么讲清楚之后，意味着什么？就意味着必须执行。而每一年营地都会出现的情况是：带队老师（有些是生活在外国的中国人），包括外国人，他们觉得中国是人情社会，只要说个情、认个错，违反规定的事就过去了。于是这几年的夏令营，组织者就坚决扭转这种刻板印象：只要违规了，就照规矩办，而且毫不留情，不管是谁。当然了，这样做的过程很艰难、耗时费力。因为要有监督，得有人查，查完了之后，就要处理，处理会出现什么样的后果，可能都不以人的意志所左右。但是因为有话在先，组织者要对营地内发生的事情负责；违背方要对自己行为的后果负责。严重违反营规的终极处罚就是必须离营，那也要忠实执行。哪怕是第一天就违规了，那就第一天离营。结果就是违规者或者回国，或者自己租住酒店，等着和团队一起回国，都和夏令营没关系了，而且还要通知所在国驻华大使馆。

这几年举办夏令营的过程中确实有被请退的案例，在被记者问到“是否担心这种坚决执行规定的做法会不会影响夏令营的效果”时，谷主任说：“不但不会，反而还保证了效果。”

例如强调纪律，强调时间观念。世界各国的时间观念确实都不一样。比如南亚的、东欧的、北欧的、俄罗斯的、希腊的等。但是在夏令营，没有紧凑的时间安排，什么事情都做不成。大队人马一千人，如果有人迟到，每辆车等两三分钟，那最后等待的时间就没准儿了，这对按时集合的营员也不公平啊。为了夏令营出行的高效安全，一路上都要交通管制的，途经的十字路口也都等着呢。为了不影响社会车辆交通出行，那一分钟都不能等，必须将对社会交通的影响减少到最低限度，所以就按约定时间开车。有的孩子晚了没赶上车，急得在营地大门口哭，去不成就白来了嘛。

甚至没有收容车跟进，因为如果每天都有收容车，就还会有人迟到。如果只是迟了一点点，最后有一辆工作车，可以把迟到一会儿的孩子给带上。但是一辆别克车没有几个座位，如果超过人数，迟到的孩子们自己决定谁上谁不上。

从此以后再没有人迟到了。

这个夏令营就像个小联合国一样，别看营员们年龄小，其实也涉及外交方面的原则，就是平等基础上的相互尊重，或者说是尊重基础上的平等，两方面一点都不矛盾。李军副主任讲了这样一件事：2016年，有位兄弟国的老师总是迟到，每次问他为什么，他都有各种理由。后来有一天早晨20辆大车统一7点半出发，七点一刻就让所有营员和领队上车了，7点半准时关门，所有车都准时走。他照例迟到，7点40分才来，借口闹表如何如何。李军说：“没有车了，你来晚了。”李主任说她当时虽然心里很气愤，但还是有理有节地告诉他：如果赶飞机呢，跟航空公司解释闹钟失灵吗？航空公司会等吗？不会！那就证明在对方眼里，导致迟到的那件事比夏令营安排参观访问准时出发这件事情更重要。但是，对夏令营组织者来说，营规规定的准时出发更重要。那没办法，今天的活动迟到的人只能放弃不去了。还有一次去王府井购物，也是说好了几点回来集合。还是这位老师晚回来40分钟。他的学生都回来了，一个成年人不能遵守时间，大家就一直在那儿等他，不仅耽误所有营员的时间行程，还有治安总队在给提供保障。于是回营地后，李军就约他谈话，他就说我们国家和中国是特别友好的关系，我们两国亲如兄弟，你怎么这样为难我云云。都提到两国关系了，这还真考验主办方的应对。李军是这么说的：“就因为我们是友好国家，就应该相互尊重。就是因为我们两个国家之间关系紧密，你在这个营里更应该遵守营规，而不能让其他国家看到你们有任何特殊化，如果这样，对其他国家来说是极不公平的一件事。”李军为此找他约谈了若干次，后来他在营地里一见到李军，就跟同行的其他国家的老师说：“我得离

madame Li（李女士）远一点，不想跟她谈。”

说是这么说，从那之后他再也没迟到过，临走的时候，他还特意到营地办公室送了李军一个小礼物。

李军在总结这一段经历的时候说：“凡是原则性的问题是不能让步的。”

在新中国第一批外交官走马上任的大会上，周恩来总理郑重叮咛：“外交无小事，切不可掉以轻心。”[①] 在夏令营里，虽然日常处理的是不同老师、营员之间的关系，属于人际交往的范畴。但是，这是由十几个国家组成的近千人的国际学生北京夏令营，不管是否有意识，孩子们明摆着就是各自国家的代表，很容易就涉及国家间的关系。更何况即使我们自己不有意提及国别，也会有人动不动就拿两国关系说事儿。这还真需要组织者有“外交无小事”的意识，在言谈举止、为人处世上做到不卑不亢、有理有力有节。而这种态度和行事方式需要平时的磨炼。

在夏令营里，公平、公正、客观地对待每个人是最基本的原则，而坚持原则反而能赢得对方的尊重。如果明明有错误，不指出来而一味迎合，对方反而会轻视中国人，甚至觉得中国人道德水平低，不愿意与中国人为伍。与此相反的，如果对方有了错误和不足，我们可以一眼就看明白，而且还能客观中性地指出来，对方会觉得这个人就是有水平。现实生活中，很多人就是这样的。所以在营地里，各国营员都是在彼此尊重的基础上进行交流，就事论事，一律平等。这里讲的就是中国表达方式，就是中国的规矩，其实到国外的夏令营里，人家的规矩也是一厚本，定得非常细致、非常严格。如果我们不了解对方，就会觉得自己心里没有底气。

① http：//www.people.com.cn/GB/paper2086/12404/1115619.html。

2015年，营地设在北京第八十中学。北京第八十中学提供的营员驻地是学生宿舍，干净整洁，如果非要挑点毛病的话，就是墙面有些斑驳，但丝毫无碍居住。某国的领队老师到宿舍里看了一眼，然后就到营地办公室，毫不客气地跟工作人员（刘芳）说：“你们让我们住的什么地方，这不是狗窝吗?！”工作人员很受伤，李军主任要求该领队老师道歉，否则不能办理入营手续。他就一直撑着不道歉，还在楼道里抽烟，志愿者提醒他说，我们中国的校园全是禁烟的，如果要抽烟的话，请到校门外去抽。然后他开始抱怨，说“我这么长时间的飞行特别累，你们不理我……”李军明确告诉他：你说这是狗窝，是对我们极大的不尊重，而且不光是对工作人员，目前已经入住的有5个国家，美国、英国、德国等，我们都住在这儿，那我们是什么？你这么不尊重我们，我们也没有办法尊重你，我也知道你长途飞行特别疲劳，但必须向我的同事道歉。如果你不愿意住在营地，可以去住酒店。但是要写明离营原因，因为你的visa是我们邀请来的，还要跟使馆说明情况，后来他想了很久，最后还是道歉了。

我觉得这就是原则，是底线。他这么不客气地出言不逊，如果我们还笑脸相迎、只当没听见为他服务，那真是有失人格、有失国格。在接下来的时间里要怎样面对和相处？是否还有更多不合理的要求在等着呢。

立规矩是为了保证大家的安全，保证每个人的利益、尊重每个人的价值。到了夏令营，开始是给带队老师们讲注意事项、营规，再后来是给营员们讲。整个夏令营活动和日常管理过程中的所有环节都要贯彻执行。既然有明确的营规，有明确的条文，而且已经广泛告知，学生也都知道。那违反之后，一点客气没有的。会不会影响夏令营的整体效果？不会。第一是赢得了尊重，第二是维系了整体利益。如果有不良的行为，不是一个团的事，一个营员抽烟喝酒胡来，会影响整个夏令营的风气。这是相对封闭的一个氛围，传染力很厉害的。如果监管不力，大家都会看着学，互相影响，所以说“第一是赢得了尊重”，就是这里是个有规矩、有要求、有管理的地方。这和我们中国人一贯尊崇的笑脸相迎、宾至如归不矛盾。第二对整体利益做了一个重大的保证，所以整个夏令营的氛围从始至终才实现得更好。

2016 年夏令营营地设在牛栏山一中。牛栏山一中占地二百亩，面积非常大，北京市国际教育交流中心的工作人员每天要巡营，非常担心顾此失彼。后来开完带队老师的交流会之后，第二天晚上，一个美国老师和一个英国老师，都 11 点多了还没去睡觉。巡营老师问为什么，他们说：“我们跟你们一块儿巡营，督促孩子回去。”当时，中心工作人员特别感动，理解与信任就是在这样的共同经历中慢慢建立起来的。

2017 年的体验课，中国老师开始上课的时候有一个俄罗斯的老师就在教室门外站着，巡查的老师问他怎么不进教室？他说我们的孩子特别淘气，我怕我走了，他们不好好上课，所以我得在这儿看着。一个个瞬间，不仅仅让中国同行感动，也会在彼此的心间留下永恒的美好记忆。

6. “一千人可能有一万个中国故事”

其实夏令营中经历的这些事情本质上也是一个个中国故事，因为它是对中国人的行为方式和规矩、原则的具体阐释。我们讲中国故事的时候，也要用世界通行的“游戏规则”来讲自己的故事、坚持自己的观点，否则不容易得到别人的认可。如果非要强调自我，对方不理解为什么这么强调，最后照样是没有结果的。但是如果同样的规矩、同样的原则，用你认可的“游戏规则”来要求你，那你还会觉得我不讲规则吗?

我们与来自世界各国的教师和孩子们打交道，要讲自己的规则，同时也是对方普遍遵守的规则，我们要“以子之矛，攻子之盾”。讲中国故事，也是一样。必须了解对方的规则是什么，我们要讲的故事内涵是什么，就好像对症下药、有的放矢。而不是我说我的，你听你的，不考虑对方听得懂听不懂、有没有达到预期效果。

所以还得用他的语言，用他的规则，用他的方式，来讲我们的故事。交流互动实践多了，我们也慢慢摸索出更好地讲中国故事的经验。过去我们没有这个意识，现在换个角度想，讲故事虽然要以我为主，但是如果想改变对方、说服对方，首先要了解对方的需求、行为准则和思想方式。了解了，才有可能改变。如果我们不了解对方，我们自己还觉得外国人挺新鲜呢，来了还总想着“远来都是客”，或者无原则地“讨好”，导致纵容，怎么给他讲故事？所以讲中国故事，还要开拓创新，还是要接触多、了解得透彻，才能找到讲故事的方式方法。

由于在夏令营里，孩子们都是生活在一起。每一个微小的生活细节都可以是中国故事，又由于来自生活，这些中国故事就会很生动。

还是 2015 年，营地设在北京第八十中学。北京第八十中学自己的友好学校——美国女子学校是很不错的学校。那年安排去劲松职高体验，体验茶艺时使用的小茶杯非常精致。她们自己就拿回来了，6 个女生每个人拿了一个杯子，没有人知道。等到活动结束了，第二天劲松职高可能是收拾东西发现少了 6 个茶杯，晚上就给组织者打电话，说那个茶杯还挺贵的，如果学生喜欢我们可以送给她们，但是不能就这么拿走了。后来就查是谁体验了，非常容易就找到了。对方的带队老师觉得特别丢脸，带着他的 6 个女生到营地办公室来向营地老师承认错误，每个人还写了一份检查。营地老师处理得非常得体，对他们说：“成年人都会犯错误，更何况你们是未成年人，犯错误不怕，怕的是有错不承认，不改正。你们知道自己错了，而且还这么诚实，主动来找我，把杯子拿回来，我挺为你们感到骄傲的。杯子我会还给学校，你们的道歉信也会转给学校，也为你们的学校和你们的父母感到骄傲的，因为你们敢于承认自己的错误，你们一定会一辈子都记着这件事，而且知道了喜欢什么东西应有个尺度。”

每年都会收到一些检查，2016 年在牛栏山营地办公室收到 19 份检查。一些营员犯了各种各样的错误，其中还包括一个北京的学生，是某校国际部的，因为他也迟到了。夏令营对所有人是一视同仁的，这个学生也没外出成。让他写检查的时候，他还问用英文写还是用中文写。营地老师说：“即便你是国际部的，你永远别忘了你是中国人，这话你就不应该问，你现在还没出国，你就忘了你是一个中国人，你出了国，你也不会有成就，你在国外也不会受到别人的尊重。”那孩子说：“我怕中国字写不好。”老师说：“中国字写得好不好是一回事，心里是怎么想的又是另一回事。你看看这些不同国家来的孩子，还没有一个人问我，是用母语写检查还是用英语写检查。你作为一个中国孩子，作为一个北京的学生，你问我这样的问题，我说我真是不能原谅。”后来那个小孩哭了，是小男孩，不轻易掉眼泪的。然后用中文写了一份检查，后来营地老师又跟他谈了谈，告诉他：之所以这么严厉地批评他是想告诉他，无论在世界上任何地方，都不能忘记自己是一个中国人，如果忘了这个，没有这个根的话，个人这个枝叶也不可能长得太长，也不可能走得特别远。即便将来有多大的成就，而忘了自己是中国人，这个成就也等于无源之水，无本之木。

这个夏令营对每一个孩子、每一个老师、每一个组织者和参与者，都是非常好的互动交流平台，每一年每个人都有收获。老师说：“发生的每一件事我都记得特别清楚，无论是好的还是不好的，都能从中找到自己要进步的那个点。”学生说：“每次和同龄人的对话交流、游戏体验，都能启发思考，收获成长。”

在参观体验感受的过程中，并没有刻意地讲究什么“中国故事 国际表达”，没有强迫学生做任何事，也并不强加于任何人。在上文化课的时候也是平等交流，参与互动，不灌输。在夏令营闭营式上，大家联欢——国际友谊之夜，就是各国文化的平等展示，学生们表演自己各具特色的节目。

任何一个活生生的生活范例，文化技艺、技巧，或者是地域特色，哪怕是一种美食、一个小玩意儿，都是一个中国故事，因为传递和承载它的是活生生的人。这就赋予中国故事更广阔、更深厚的内涵。此外，任何一个中国故事都成为一个进一步接触、了解、理解和喜爱中国文化的入口——一千个人来了，带回去远远不止一千个中国故事，更会带着一千个种子返回去，这些种子会生根、发芽、开花、结果。这样的价值和意义不可估量。

7. 互动传播中的即时反馈

另外还有一个叫作投票墙的项目。这个投票墙就是把十天以来在夏令营经历的所有大大小小的体验乃至组织者付出了大量心血的夏令营营地的生活服务、餐饮服务、课程服务等，都罗列在墙壁上，让每个孩子重温一遍，回顾在这段时间中经历过的所有内容，然后选择五个“你最喜欢的内容”进行投票。候选的投票项目为 40 到 50 个，从中选择五个“最爱”。其实哪一个项目最终得票最多，不是主办方关注的重点。他们关心的重点是，孩子们通过这样一个重温的过程在进一步地固化国际学生北京夏令营在他们的人生体验当中的这种深刻的标记。

实际上在孩子们来之前，组织者就发出了一个调查问卷，调查他们最希望在中国看到什么、体验什么、感受什么。然后在他们即将结束夏令营的活动之时，还有一个调查问卷：经过 9 晚 10 天的夏令营之后，与期望相比哪些是超出预期的，哪些是有小遗憾的，还有哪些建议，以便比较和分析。

通过两个调查问卷，我们可以看到：从对中国一无所知或对中国有片面的认识、一知半解，到临走的时候，对中国有了基本的了解，有的孩子爱上了中国；有的表示将来一定会再来；还有的表示将来要到中国留学；还有的说中国那么大，还要去别的城市看看，等等。

2017 年，泰国的领队老师，就是四年前“汉语之星”比赛的获奖选手（北京市国际教育交流中心主办的另一个针对在京外国留学生汉语水平的赛事）。他对中国的感情特别不一样，到中国来好像回家似的，看看熟人，先问候了方老师（体验活动组织者），然后去营地办公室看了李军主任。因为他是“汉语之星”，汉语水平可见一斑。回国之后被分配到泰国教育部任职。2017 年就作为带队老师又带着孩子们来参加国际学生北京夏令营了。

我们可以想见，这就是效果。只不过这位带队老师是在教育部，所以有机会回到这个系统里面，再次参加夏令营，有和大家重聚的机会。而其他人肯定也会在各自国家不同的领域发挥着与中国沟通交流的桥梁作用，只不过我们没有机会再见到他们。

夏令营只有短短的 10 天时间，如果说通过这 10 天就喜欢上中国、爱上中国，那就是即时效应，这也有可能，因为有不少外国的孩子性格外向，他们会在夏令营的氛围里热血沸腾、激情洋溢。这个即时效应我们当时就可以看到。但是激情过后，回到日常的生活之后，他们可能很快就忘了在中国的兴趣爱好。但是也有那种中期效应，有的人会在三五年之内都保持着这种热情。

有一段佳话或许可以作为佐证。在夏令营里服务的一个俄语志愿者，2016 年跟当时的一个营员订婚了，然后去了乌克兰。主办方说虽然不宣扬这个，但是夏令营也可以是一个纽带，不知道生命中的这段经历会将我们引向何方，但年轻时的这段经历会对我们施加影响却是可以肯定的。就是说孩子们在离开夏令营之后，还一直有联系，那喜结良缘也就是自然而然会发生的事情。

这也是挺好的一件事，这不就是中长期的效果吗？实际上有了这个小家，有了这段跨国婚姻，将来如果想促成更多的跨国交流与合作更是顺理成章的事情。

那远期效果呢，就要在一个更长远的时间尺度上去验证了。或许营员当中会产生一个什么样的人物，未来对中国和他所在国之间产生更深远、更巨大的影响也未可知啊。这种静待花开的心理状态对活动的组织者来说也是一种鼓励与慰藉。

参加国际学生北京夏令营，每个人要交100美元的报名费。为什么要收这个报名费？是不是可以不收取？主办方对此有自己的考虑。李军说：“这个必须得要，这是一个承诺，如果不交这一百块钱，有的人报了名，觉得反正也没有投入，如果再有一个其他选择，他可能就不来了。”而从主办方的角度考虑，前期投入了这么多，例如按照800人报名准备的，最后只来了700人，这也是浪费。在这种情况下，这报名费就成为一个约束。所谓国际理解教育，也意味着既然要做国际上的事，就要按照国际准则去行事。如果偏离了，未必能得到理解，还容易产生误解：是不是有什么目的？为什么花钱让我来？来了之后什么都听你的，半封闭的管理，离开营地园区受到限制，等等。那我是成年人，我有自己的想法，有点这种不想被人摆布的心思。100美元的报名费，是不多不少的一个额度，既可约束报名人，又不影响夏令营活动的公益性质。

我们研究“中国故事　国际表达”，就是想分析清楚中国故事都是非常好的故事，但是要避免自说自话，避免让人觉得我们是在宣传。如果在一个国际通行的能够被普遍接受的表达方式下呈现出来，并传播出去，那就不是无用功。我们做国际交流的工作、组织国际活动更是如此。中国人讲究好客、以诚待人；愿意把好的一面展示给别人（有家丑不可外扬的说法），但一定要按照国际通行准则来做事。否则容易产生歧义，因为很多国家已经是商业社会这么多年了，老师、学生会认为：无利不起早啊，你为什么要这样，你想干什么？这是需要注意的一个问题。

除了每年一度的夏令营，北京市国际教育交流中心还定期组织在北京的外国留学生、驻华使馆的工作人员参加文化活动，2017年请他们参观北京最古老的、传统意义上的戏楼——湖广会馆。虽然他们可能听不懂京剧，但京剧是音乐、艺术、绘画、舞蹈甚至文学的集大成者。其实中国孩子一样要懂得欣赏京剧才好。从哪个角度欣赏？要有内行人来指导欣赏，即便短时间内理解得不是很透彻，但也要通过欣赏让更多年轻人看到这种美。

在留学生当中，组织汉语节，其实就是中国文化节；组织“我眼中的北京”摄影比赛、书法比赛（硬笔的、软笔的）。看那些外国小孩写的“我爱北京”，写出来会让人觉得很有感触，比中国孩子写出来的还令人感动。

此外，还组织在京外国人看捏面人、做糖画和冰糖葫芦；让外国人观看“抽汉奸”（打陀螺）、抖空竹、抖幡儿；在什刹海体校体验中国武术；体验茶道，制作毛猴、陶艺，中国厨艺培训，等等。

以上这些活动，真是全方位地让外国人沉浸式感受中国文化。中国故事从哪讲？其实每一个活动、每一次体验、每一场对话都是一个故事。不是说长篇大道理就是好故事，还得看能不能被接受，怎么接受得更充分。

8. 我们不仅请进来，还要走出去

每年北京市国际教育交流中心还在北京市 16 个区选择语言表达能力强、有一定特长的学生在暑期出国去参加其他国家的夏令营与当地同龄学生交流。每个区会分配一些名额，资金由政府资助一部分，家长拿一部分，区县出一部分，组织北京各个学校或者各区县的学生去交流学习。该中心在市政府财政局申报的项目经费叫“中华文化小使者”。目前这个项目跟俄罗斯、加拿大、美国、英国四个国

家的教育机构在合作。因为是学生间的交流，语言作为工具是必要条件，绝大多数是英语。以下几个项目也颇具特色。

第一，跟美国田纳西州州政府的合作。第一次北京派去 37 个学生，3 个月 47 门课可以自由选择，实际上这也是当地政府为了解决当地住校学生暑期的安置问题，就开办了暑期学校，免费开设 47 门课程。这些课程虽然是针对美国孩子的，但是咱们北京的学生去了也和美国孩子一样选课，其中有一门课程就只有一个中国孩子选修，结果教授这门课程的老师就真的给他一个人上了 15 天课，因为营期就是 15 天，而且还是免费的。北京市国际教育交流中心根据这个项目的特点，想到既然是“文化小使者”活动，对方给我们开设课程，我们怎么传播自己的文化？教与学是相互的，我们的带队老师能不能也把自己在中国学校的课程带去呢？经过协商，这个想法得到州政府的欢迎。于是北京四中的音乐老师就把中国民歌课带到了田纳西州。结果选修这门课的美国孩子比北京派去的学生人数还多！为什么选择田纳西州，因为孟菲斯市长是学打击乐的，还是一个架子鼓乐队的成员。最后这位市长主动在市政厅举行联谊活动，中国孩子展示旗袍秀，美国人才知道旗袍不是成年女性的专利啊，小孩子也可以穿，可以这么漂亮，后来营员们带去的旗袍、茶叶大受欢迎。孩子们还包饺子，夏令营期间整个田纳西州孟菲斯市最后就变成了一个中国节，每年 7 月底到 8 月初的这个和中国学生的交流活动就成了一个中国节。这样一个活动每年一次，一直持续到现在。

怎么讲故事，恐怕高谈阔论没用，只能潜移默化。学生们在美国跟同龄人一起交流，甚至玩游戏时，也是一种相互影响。中国孩子玩儿翻绳，就是弄一根绳子编花篮，很民间的游戏。美国孩子一瞧你们玩什么呢，就跟着学，后来还玩儿上了瘾。

说到玩儿，这是孩子们的天性。参加国际学生北京夏令营的俄罗斯团队是来自俄罗斯英才学校的学生们。这是个特别著名的学校，它的学生们都是高智商，招生的时候先测智商，智商不到140是不能报考这个学校的。参加夏令营的学生都是14岁到16岁。而俄罗斯来的孩子最小才8岁，但是8岁的孩子能讲特别流利的中文。跟这种高智商的孩子怎么交流，跟他们玩儿什么？第一，玩儿围棋；第二，教他们下中国象棋。这个俄罗斯的小孩子一直下国际象棋，这回下中国象棋，觉得有意思。而且他没想到中国象棋这么多变化，于是离开中国的时候买了一副中国象棋回去，俄罗斯团队的孩子们差不多都买了中国象棋，然后还用俄文标上这是什么东西，游戏规则是什么。这不也是一种传播吗？

有关加拿大的项目是与加拿大国际教育交流协会合作的。他们也来参加夏令营，我们也派学生去参加他们的夏令营。我们的学生去的时候是住到当地学生家里，加拿大的家长和孩子给我们的学生讲了很多对野生动物的保护措施以及保护自然环境的理念。他们非常重视环保，带中国孩子爬山下海，去感受环境保护，理解环保的重要性。反过来中国孩子跟他们交流什么？在孩子们离开北京之前，交流中心也专门做了培训，让他们以自己的亲身经历和对方分享我们的传统，比如尊敬老人、中国的孝道文化。这里有一个具体情况，就是加拿大国际教育交流协会为中国孩子安排的绝大多数住宿家庭是家里没有子女居住的，不是没有子女，是子女长大独立、离开父母家了。到了暑期这些家庭也不去旅游，就安排中国孩子住到自己家。于是中国孩子就跟他们分享我们中国人的生活状况，像祖孙三代甚至四世同堂的情形，讲自己带着弟弟妹妹跟爷爷奶奶、姥姥姥爷怎样过节，怎么度周末。有的还拍了视频，跟这些加拿大的长辈分享我们周末、节假日是怎么跟家人团聚的，我们的家庭跟他们的不一样，等等。有的加拿大老人看了这些视频，感动得热泪盈眶。

在美国新泽西州的夏令营，30 个中国孩子在他们的营地，跟美国孩子一块儿吹拉弹唱。一个中国女孩子在 1500 人的晚会上进行笛子表演。一开始只给她 40 秒时间，所以一首曲子吹到一半 40 秒就到了，她就停下来准备结束表演。美国孩子不高兴了，想要听完啊。于是重新表演，最后给了她 7 分钟。夏令营组委会的负责人还找到中国老师商量：能不能在你们离开的前一天晚上，给你们开一个欢送会，你们做一个中国节目展演。后来中国孩子就在欢送会上表演了很多节目，还有抖空竹呢。最后轰动整个夏令营，他们说：“今后希望你们每年都来，如果年年来我们好作为一个卖点，吸引更多美国孩子参加！”可能有人认为带学生出去就是让孩子走一圈，最多也就是开开眼界。其实不是，事先要有设计、有安排，要知己知彼、潜移默化、润物无声。北京有非常多好学校，特别是西城、东城的资源平台，都可以利用。但是交流的方式和方法、如何利用孩子的天性让孩子们表现得更好，需要细心揣摩。怎样传播能达到良好效果，需要我们通过各种事例一点一点积累、一点一点总结经验，然后才能找到更多途径去表达。

夏令营学生调查问卷汇总表（截图）

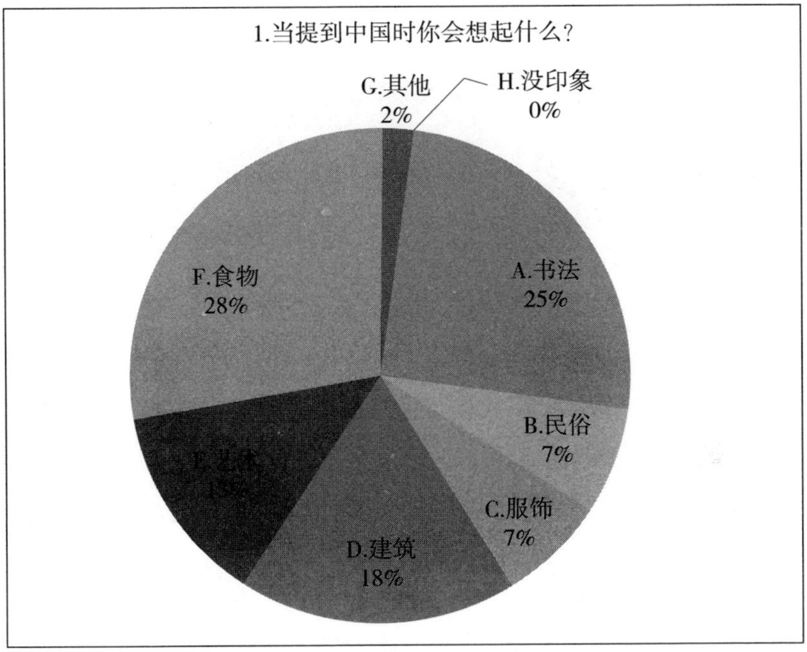

截图 1

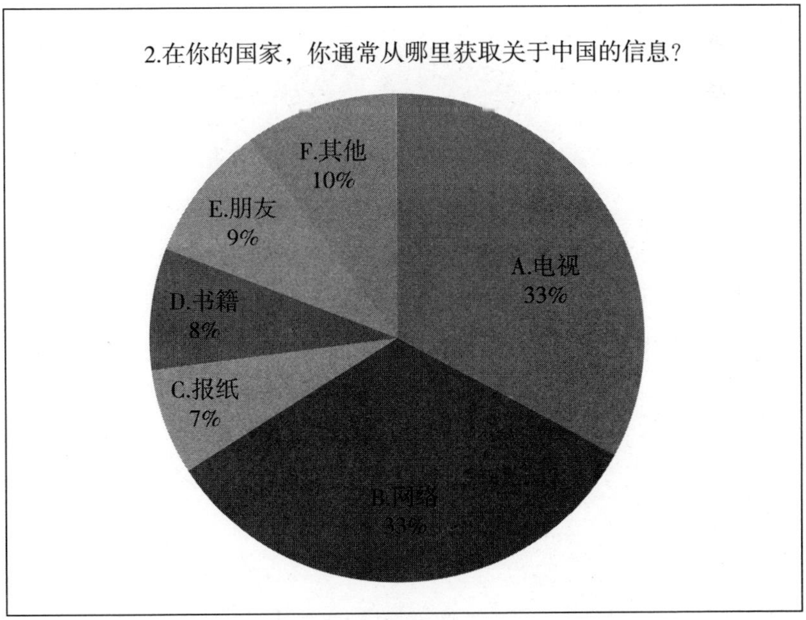

截图 2

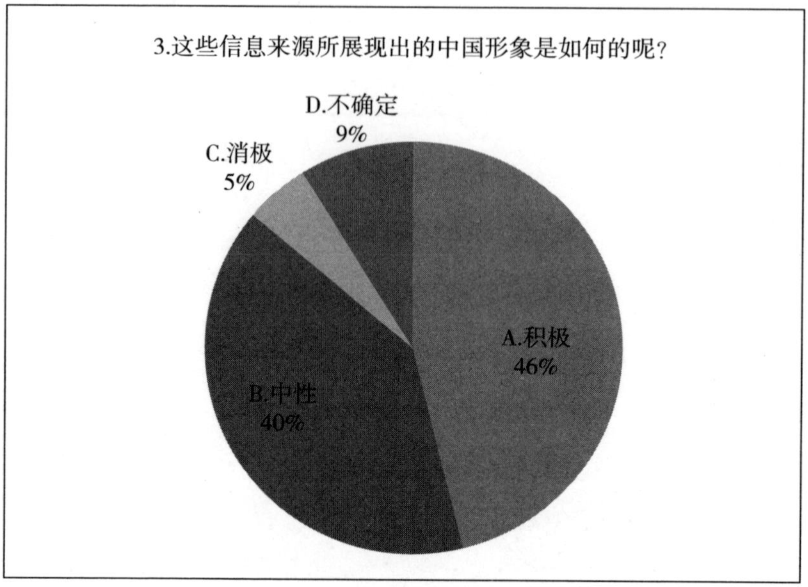
3.这些信息来源所展现出的中国形象是如何的呢？
D.不确定
9%
C.消极
5%
A.积极
46%
B.中性
40%

截图 3

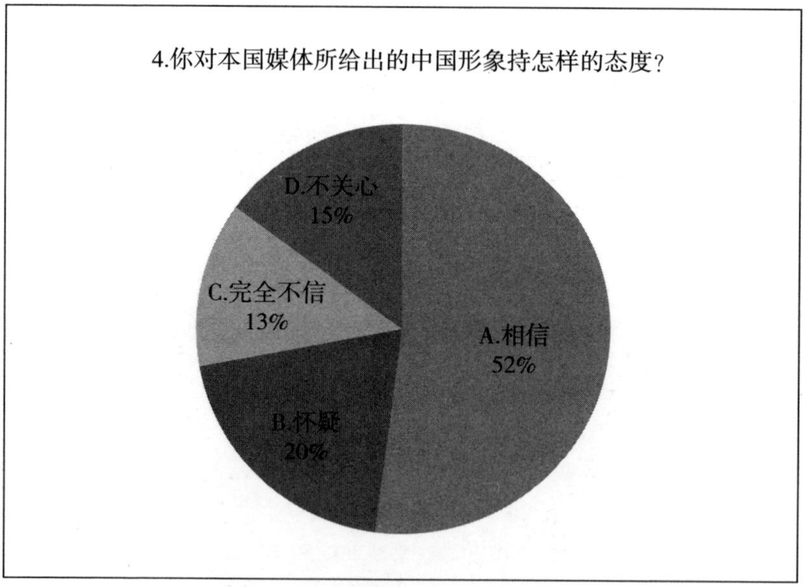
4.你对本国媒体所给出的中国形象持怎样的态度？
D.不关心
15%
C.完全不信
13%
A.相信
52%
B.怀疑
20%

截图 4

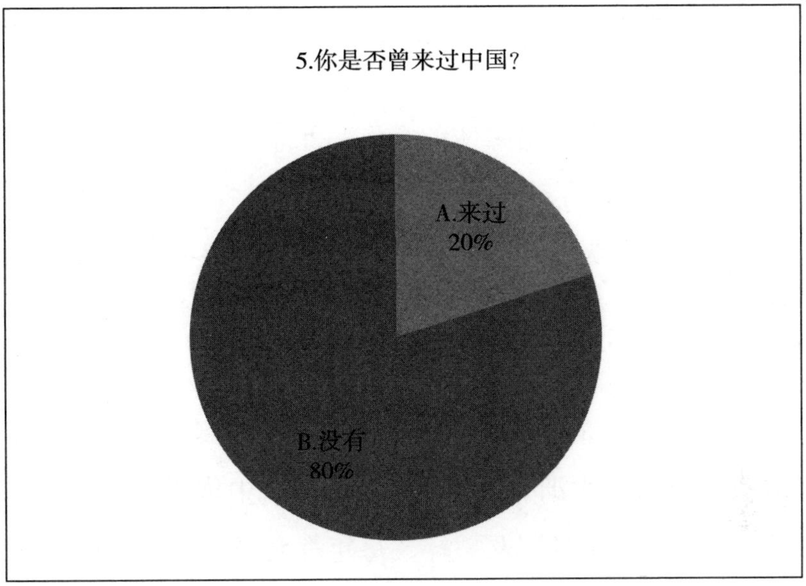

截图 5

案例研究之三：北京电视台“环球春晚”

“环球春晚”的前身是《歌从这方来——外国人演唱中国歌曲大赛》，后来进一步丰富为《外国人中华才艺大赛》。从历史渊源来说，这个节目一直是以中外文化交流为主要目标、以外国人参与感受学习中华文化为表现形式、以喜爱中华文化的外国人为表演主体的北京电视台首创的节目形态。

早在 1984 年，北京电视台就成立了国际部，开始与境外媒体进行以节目交换为主的交流合作。1994 年成立对外部，开始正式向西方主流媒体传送英语节目；2000 年国际部与对外部合并成立海外节目中心，使外宣工作得以在更高层面、更大范围内展开；2004年，以原国家广播电影电视总局建立的中国电视长城平台正式开播为契机，辅以与其他境外播出媒体的合作，北京电视台的外宣工作发展到了一个更高的阶段，并成为中国省级电视外宣的“领头羊”。

北京电视台作为首都媒体，多年来始终积极开拓外宣工作，向世界宣传中国、宣传北京，为中国文化走出去、中国声音传出去做出了贡献。

从1994年开始的《歌从这方来——外国人演唱中国歌曲大赛》到2007年在全球五大洲开设赛场的《外国人中华才艺大赛》，这个中外互动交流节目像老朋友一样，每年都会吸引身怀中华才艺的外国朋友们，并让大家认识了更多中华文化。参与主持《外国人中华才艺大赛》的美国主持人大牛说：“下一届大赛我也准备参加，我不仅能说相声、打快板，还喜欢唱中国歌。”而2000年，来自法国的戴亮带着梦想来到中国，开始了他的音乐之路，不仅唱中文歌，还用中文创作歌曲。他热爱音乐，更热爱中华文化。2007年，他还出版了自己的中文歌曲专辑。他在节目里演唱的自己创作的中文歌曲《2000年，我来到中国》，感人至深。

2007年，《外国人中华才艺大赛》将分赛场开到了德国。当时，一个来自德国的武术队以欧洲赛区第一名的成绩来到北京参加决赛，而且不负众望获得了总冠军。记得当时比赛非常激烈，来自全球的中华才艺高手汇聚一堂，各个身怀绝技。这些来自德国的武术高手们各自从事着不同的职业、各自有不同的生活，但是他们有一个共同点，就是热爱中国武术。2009年春节，他们不远万里再一次来到中国，来到了北京，在节目现场还和中国的武术高手们一起切磋武艺。

在20世纪90年代末，就有驻华使馆的外交官员来参与节目。当年驻华大使夫人们每周三会固定上中文课、学习演唱中国歌曲，2009年的《同贺中国年》特别节目中大使夫人们曾共同演唱了《大海啊，故乡》。

不仅是中华才艺展示，更有在北京工作生活的外国人来参与节目、分享感受。

自1999年北京市政府设立北京市外国专家“长城友谊奖”（在京工作外国专家的最高奖项）之后，获奖的外国专家也常常会出现在我们的节目中。

2008年度北京市“长城友谊奖”的外国专家，索尼爱立信（中国）有限公司总裁、来自瑞典的罗杰·爱立信先生是北京2008年奥运会的火炬手，参加了奥运圣火在北京的传递；北京工业大学的外籍专家，美国的马丽·约克女士除了在大学里担任外教之外，还经常参加公益活动，到农民工子弟学校担任义务英语老师，开办过奥运礼仪讲座；Bruno Houdmont先生是北京银行里第一个来自国外的高管，是北京经济发展的亲历者和见证者，都曾现身节目现场。他们深度参与中国北京的发展变化，本身就是中国故事的主人公。

除了专家，还有在北京工作、生活多年，甚至在北京结婚生子、成家立业，把家彻底安在了这里的外国友人。曾任美中全国关系委员会主席和中国美国商会主席的何立强先生在中国已经生活30多年，对中国文化深有研究，尤其热衷于中国的诗词。

来自西非国家贝宁、为了在北京2008年奥运会担任志愿者的夏思唐把自己的公司业务都暂停了。当初他因为对一双筷子的好奇而来到中国，到现在已经于北京成家立业，和夫人孩子一起在这里扎根，夏思唐的经历可以说也是很多“老外”在北京奋斗的缩影。

江森海是1993年来到北京的，开始只带着200美元在北京的胡同里生活。到后来在北京成了家，还开创了自己的事业——创可贴8创意品牌服装店。他设计的服装上印着老北京的物件，都是属于我们北京人的共同记忆。

历年请到节目现场的外国人只是千千万万在中国亲历发展变化的若干代表，一个个中国故事就发生在他们身上，他们的讲述就是“中国故事　国际表达”的最佳范本。

“环球春晚”就是在这样的背景下应运而生的。作为北京电视台强档推出的三大春节晚会之一，“环球春晚”国际特色鲜明，融入多元文化，同时显示出极强的包容性。在这个舞台上，荟萃全球多样的艺术形式：西班牙的弗拉明戈舞、苏格兰的风笛、澳大利亚的鞭子舞、爱斯基摩人的狩猎舞以及阿根廷的探戈……在“环球春晚”的舞台上，还有全世界共通的喜剧作品、观众耳熟能详的国外金曲，以及世界三大选秀节目的明星共同登台等。在这个舞台上，中国著名艺人与国际著名艺人的才华交相辉映；在这个舞台上，中国的艺术经典和五大洲的文化比肩。“环球春晚”一直致力于营造一场中外交流的盛事，成为世界同关注、全球共欢乐的大Party。

2010年“环球春晚”首次提出“牵手世界，欢动五洲”的口号，希望能够搭建一座桥梁，让五大洲不同肤色、不同民族的人们在这个舞台上相聚，手拉手、心连心，传递和谐，传递欢乐，牵手世界，欢动五洲，诠释天下一家的理念。

不同于一般春晚的花团锦簇、欢歌笑语的热闹喜庆表达，“环球春晚”的创作指导理念始终是：注重中外文化跨界交流和艺术对话。格调高雅，视野开阔，是“环球春晚”的一大特色。

“环球春晚”舞台上星光灿烂，幕后的创作团队同样精彩。以北京电视台海外节目中心为核心的创作团队，是一支具有国际视野，兼备丰富晚会创作和国际交流经验，汇聚英、法、日、俄、西班牙等 7 个语种人才的队伍。

从晚会的立意和创作过程来看，主创团队始终坚持晚会的独特性和国际化特色、国际视野，并始终力图创新，使得“环球春晚”在全国春晚格局中独树一帜，亮点突出。

1. 大使推荐仪式化，创造独一无二的品牌环节

北京作为首都，具有国际化的优先地位，大使馆林立。北京电视台非常好地利用了现有资源。各国驻华大使一向是“环球春晚”的贵宾粉丝，每年“环球春晚”录制时多国大使及公使都会莅临现场，他们喜爱“环球春晚”，乐见能代表自己国家形象、民族文化和时代气息的优秀文艺作品和艺术家登上“环球春晚”这个世界经典荟萃的艺术殿堂。基于此，从 2013 年开始，“环球春晚”大胆设计了新颖的特殊环节——运用大使舞台推荐的特殊形式，让各国驻华大使代表首度站上“环球春晚”舞台，为观众推荐高品质、高艺术水准的艺术家及团体和本国特色节目及重量级嘉宾。

晚会录制当天，有 14 个国家的 66 位外国大使、公使、文化参赞及贵宾们出席；其中以色列大使马腾先生、澳大利亚大使孙芳安女士、加拿大公使唐兰女士、泰国大使伟文 · 丘氏君、法国大使白林女士还登上了“环球春晚”的舞台，亲自推介本国的优秀艺术家和非物质文化遗产类的国宝级艺术精品。

经过精心打造的“大使推荐”环节，不但成为“环球春晚”的创新亮点，更是体现了北京电视台“环球春晚”独树一帜的国际化

理念、“高端民间外交典范”的独一无二的品牌引领力以及不可替代的文化和外交价值。

2015年“大使推荐”再度升级，作为“环球春晚”的独家创新，已连续三年运用的“大使推荐”环节令“环球春晚”具有了与众不同的标志性，由各国大使登台而带来的高关注度，不但让晚会体现出北京作为现代国际大都市的开放风采，也让“环球春晚”因此具有了显著的国际属性和时代属性。在“环球春晚”的舞台上，通过大使推荐的形式，国家关系层面的硬话题被成功地穿上了一层软包装，这样的方式，完满解决了晚会的“高度”与“温度”之间似乎天然存在的矛盾。

2015年，来自俄罗斯、澳大利亚、以色列、西班牙和瑞士的驻华大使和公使走上舞台，向观众送上新春祝福，同时推介来自本国的国宝级艺术家和节目。无论是曾多次为毛泽东、邓小平、习近平等几代中国领导人表演过的俄罗斯亚历山大红旗歌舞团，还是被澳大利亚政府封为“国粹”的踢踏狗现代舞团，抑或是西班牙全民认可的顶级歌后露兹·卡莎尔……更加高规格的推荐及更加重量级艺术家的加盟，让“环球春晚”的国际影响力及品质更加提升。

而独创的“大使推荐”节目样式，以及各国使节、官员的莅临不但让“环球春晚”成了“高端民间外交典范”（外交部发言人语），更是让许多具有国际水准、代表本国国家形象、民族文化和时代气息的优秀文艺作品和艺术家登上了“环球春晚”的舞台，成了“环球春晚”节目来源以及品质保障的重要组成部分。利用独家的使馆资源，密切与使馆进行合作，同时加强与各国际机构的合作，对现有资源进行维护和进一步拓展都凸显了北京电视台作为首都电视台的国际视野，在寻求对外传播新模式、谋求对外传播有效性的探索中又有了新的坐标系。

从传播效果的角度思考，这种环节设计体现了“影响有影响力的人”这一理念，大使的身份为推荐本国的文化艺术背书，而在晚会现场感受到的中华文化和不同地区不同文化的交流碰撞也深深影响到驻华大使对中华文化传统包容、开放、博大精深特色的理解和认同。

2. 打造“混搭”节目，艺术的交融碰撞激发世界文化与中华文化的“化学反应”

2010年，身着祖传海豹皮、三天时间经历两次转机，从遥远的北极圈赶来的“因纽特人”一出场，就吸引了观众的目光。他们独具特色的民族服饰、朴实憨厚的面容，节奏鲜明带有浓浓“极地”风味的“狩猎舞”表演，让在场的人领略到了何为“独一无二”。居住在地球最北端北极圈的原生态舞蹈艺术家“因纽特人”，与居住在地球最南端的阿根廷的探戈舞冠军跨越地域的限制，在“环球春晚”的舞台上用本民族最具特色的舞蹈，实现地球南北两端的“握手”。新颖的创意理念完美地体现了晚会“牵手世界，欢动五洲”的主题，彰显着晚会的与众不同。

中国首支中法音乐组合“简迷离”和青年演员蒲巴甲同时亮相“环球春晚”。“简迷离”被乐评人誉为“中国在新金属领域里做得最好听的团体”，他们的音乐具有独特的艺术气质，而中、英、法文歌词的穿插自如可谓绝无仅有，自成一派，优美而忧郁，自然打动人心。“简迷离”独特的音乐风格和他们所阐释的音乐无国界的想法，以及中法组合的搭配都非常符合本次晚会“天下一家”的理念。而蒲巴甲的加盟使得节目更具青春活力。

语言不通、文化差异，是很多国外高品质节目“不接地气”，在影响力和收视突破上的难点所在。而很多在本国享有盛誉的外籍演员，由于不被中国观众所熟悉，同样也造成了收视率的流失。所以“环球春晚”从前期策划开始，就非常注重打造外国节目的中国情感连接，寻求每个节目的“中国情怀”点。

2010 年，“环球春晚”刮起怀旧风，老牌明星今朝风采依旧。30 年前，电影《英俊少年》牵动了亿万中国观众的心。特别是男主角“英俊少年”那首“小小少年，很少烦恼……”更是传唱全中国。30 年后，当熟悉的旋律再次响起，我们看到了昔日的“英俊少年”海因切今日的风采。与海因切一样，日本歌手乔山中因出演《人证》而为中国观众熟知，他演唱的主题曲《草帽歌》，当年风靡一时，堪称经典。电影《雨中曲》的主题歌很多人还记忆犹新，百老汇著名演员 Jeremy 演唱的《雨中曲》仿佛令观众回到了往昔的流金岁月。

2011 年，世界上唯一能把古典乐与流行、摇滚、爵士音乐融为一体的瑞典著名摇滚钢琴家罗伯特·威尔斯先生来到“环球春晚”，奏响了在长城上即兴创作的《中国月亮》。他被当今乐坛誉为“钢琴天王”，创作了大量享誉世界的作品，其中不乏以中国元素为主题的精彩之作，比如《北京奥运》《三峡风情》，而罗伯特先生和中国的深厚渊源还不止于此。他是中国人民的老朋友，在北京申办 2008 年奥运会期间，就应邀到中国举办过演唱会，并在全世界为北京申奥呐喊助威，2007 年参加北京奥运会倒计时一周年天安门庆典演出，在红色的钢琴上为我们带来的“指尖上的舞蹈”已经成为经典。后来罗伯特先生更是担任了北京的旅游形象大使。

2013 年，晚会 50% 以上的节目都采用了中外演员混合搭配模式，例如：德国武馆和山东莱州武校合作的《中外青年功夫梦》、青年歌手沙宝亮和法国新香颂天后 Berry 合作的中法双语歌曲、来自五大洲的组合五洲唱响和老北京的黑祥子人体雕塑表演团体合作的老外原创中文 RAP《南锣鼓巷》等，用中国演员的观众熟悉度来提升外国演员的接受度，并凸显中外合璧、1+1>2 的效果。

对于演出曲目及内容的选择，多采用了中国观众耳熟能详的曲目，例如：邀请澳大利亚七人竖琴组合用竖琴弹奏《嘀嗒》，将高雅的竖琴演奏与中国当下热播的影视剧主题曲相结合，为观众带来少有的古典与流行结合的体验；安排以色列歌手 Miri Mesika 专门学习汉语，让其与蒙古族歌手呼斯楞一起用汉语演唱当下流行的中国歌曲《鸿雁》；为法国“香颂女王”Berry 和中国歌手沙宝亮设计了香颂名曲《玫瑰人生》的中法文合唱版本；加拿大钢琴王子 Roger Lord 和中国新生代小提琴手王霄首度合作，共同演绎钢琴和小提琴合奏版的《彩云追月》；德国音乐诗人贝蒂·希金斯与青年歌手金池之间的“忘年恋曲”；钢琴大师阿里·瓦迪与他的中国学生青年演奏家陈萨之间的“桃李芬芳师生情浓”等。观众在回味了经典曲目的同时，更欣赏到了中外混搭所带来的创新的、多样化的表达，并由此产生关注、期待和共鸣。而以上的策划也更加体现了“环球春晚”跨界交流和艺术对话的创作指导理念，以及“环球春晚”作为民间外交舞台的独一无二的魅力。

“中外文化共融、中外明星同台”一直是“环球春晚”的最大特色，通过节目，让中外演员共同与经典节目发生化学反应的方式，是“环球春晚”一个非常具有代表性的手法，也正因如此，“环球春晚”被业界认为“树立了高端晚会的标杆”。

通过中外艺术家和而不同的演绎，让观众在同一作品中，感受到国际化与中国风水乳交融的完美表达，从而更加体现出“环球春晚”的主旨：充分展现中华文化与世界文化的碰撞与对话。

2015 年“环球春晚”的舞台上不乏叱咤世界歌坛多年的“大咖”及唱响了几代人的经典作品。不但有世界歌坛顶级歌手贝蒂・希金斯带来传奇金曲《卡萨布兰卡》、西班牙歌后露兹・卡莎尔双语演绎《我的心里只有你没有他》，更有原西城男孩主唱 Shane 两首经典作品 *You raise me up* 和 *My love* 联唱引发全场大合唱。同时还有通过国际赛事及网络捕获世界各地大批粉丝的欧美“少年版三高”IL VOLO 美声少年组合、四叶草及当今世界最小年龄的萨尔萨舞组合等炙手可热的“新势力”加盟。晚会配合国家“一带一路”倡议的原创视频造型舞蹈秀《丝路新语》，选取 10 个丝绸之路鼎盛时期贸易国家的典型形象，借助舞台与视频的巧妙变换，以飞天舞蹈为串联，用新的色彩和造型，再造中国千年文明“丝绸之路”之美；用全新的世界语汇，为“丝绸之路”的文化内涵做全新的注脚；用强烈的视觉冲击和新的审美感受，再现了当时中国与世界文明的碰撞。

3. 注重文化价值的呈现和国际视野民间外交的打造

高品质的节目、强调中华文化价值呈现、具有国际视野的民间外交的打造是北京电视台在“环球春晚”创意过程中一直追求的目标。而“零舞美”的舞台空间、灯光设计和视频制作又为晚会营造出“移步易景”的视觉效果，这样的设计不求场面求细节；增加突破语言屏障的肢体语言节目、后期包装的国际化标准、打造“第一小时满意度效应”等手段所构成的简约、时尚、国际化的制作风格，为晚会带来了多个亮点。

2014年，“环球春晚”特别打造的国际家庭同台环节，是晚会中唯一一个区别于其他文艺节目的温暖篇章。为了体现“环球春晚”“天下一家”的理念，通过晚会的官方微博发起“国际家庭温暖瞬间征集”活动，为所有跨国联姻家庭提供展示自我、讲述故事、分享感动的平台，并从中挑选了四对年轻人上台分享他们跨越文化和民族的动人情感经历。通过本节目的设计，为晚会增加了富有人情味的、温暖而和谐的主题的同时，也体现了北京这座开放包容的世界城市中外融合的独特风景，以及不同种族、不同国家、不同文化背景的人民在这座城市寻找到的共同的归属感。而从收视率来看，本段落将广告点之后的收视率低谷一路拉升至晚会次高点收视率，从开始到结束，两个百分点的收视率提升也实现了最初的策划目的。

2015年“环球春晚”秉承“两高两全”——高规格、高品质、全球化、全媒体的创作理念，通过来自全球各地18个国家的近千名演员，通过来自不同艺术形式的数十个国际级精彩节目及对“我们的朋友遍天下”主题的诠释，历时8个月的精心筹备和创作，于2015年2月17日（农历大年二十九）19时35分在北京电视台卫视频道、青年频道并机播出，作为北京电视台春晚系列第一台亮相的晚会，华丽开启了北京电视台系列春晚大幕。晚会创造了北京地区收视率4.64、收视份额11.94及全国34个城市收视率0.78、收视份额2.11的收视成绩，在全国省级卫视同时段播出的节目中排名第五，综合收视率较2014年提升了20%。

专家们对“环球春晚”的高端品质和震撼的视听效果也给予了充分肯定，认为其面向中高端受众折射出了中西结合的审美风范、中外文化的交流碰撞、国际视野与东方文化有机结合以及价值观的输出和体现等，具有不可替代的文化价值特色。专家喜宏甚至用“可以列入中国美学史的‘美学意义的范式革命’”的赞誉高度评价了2014年“环球春晚”；专家冷淞则直接用无尿点、无槽点、无硬伤的“三无”特色高度归纳了晚会的品质体现；专家胡晓宏更是对时尚简约的“零舞美”制作理念给予了肯定，认为零反而是简约，简约却不简单。简约的舞美给了灯光参与一切造型的可能，既通透又有层次。而从节目内容方面，专家冷淞认为：高品质的舞蹈节目很大程度上成就了“环球春晚”的高端大气国际化，归纳起来就是：中国舞蹈秀技术，外国舞蹈秀阵势。例如：以《水晶太极》为首的中外混搭技巧性舞蹈，很好地符合了高端人群欣赏的意境；而以《燃烧》为首的纯国际化艺术团体所展现的气势节奏性舞蹈，则用他们的专业性和激情力量，引起观众强烈的共鸣，彰显了晚会的国际化品质。

作为北京电视台的原创先锋，从2010年创办以来，日臻成熟的“环球春晚”已经不仅仅是提供国际顶级文艺节目视听盛宴的平台，同时也成了彰显北京电视台出众品质的代表品牌。多年来，它不仅以独特的形象、创新的形式以及国际化的视角，为全国观众奉献了一场场汇聚全球多元文化的文艺饕餮大餐，同时，随着各项资源与平台的不断拓展以及影响力的不断扩大，“环球春晚”也逐渐成长为具备核心竞争力及市场价值的晚会品牌。

4. 不断拓展新媒体平台，力求全方位多元高效传播

2013年，北京电视台“环球春晚”在新媒体拓展、纵向深入宣传、四屏立体传播方面都有新的突破，如由活动造势、录制发布、播出互动及权威评析纵向排布的宣传推进；由电视、互联网、手机、

移动终端合成的多屏传播等，加之世界主流媒体全球范围内的播出，全媒体、全方位的多元高效传播把“环球春晚”所坚持的汇聚美好情感，共创和谐世界的理念放送到四面八方，中国谋求和平与友谊的国家形象和人民意愿也得以为全世界所了解、熟知。

2014 年，“环球春晚”还通过北京电视台国际频道的北美平台、拉美平台、亚洲平台、欧洲平台、美国中文电视、ICN 国际卫视、泰国中文电视台、澳大利亚 ABC、南非 SABC、泰国国家电视台、新加坡新传媒以及中国的香港亚洲电视、中国台湾地区的 TVBS 等多家海外播出平台在全世界范围内播出，获得了更为广泛的传播效力及影响力。由于晚会高层次的定位和高品质的呈现，晚会也得到了观众、网友和业界专家的一致好评。晚会播出后，新华社、人民日报、光明网、北京日报等近 30 家平面及网络媒体，专门刊发了以“环球春晚”为评论主线的文章，平面媒体累计刊发了 500 多篇关于晚会的报道。各界专家学者、使领馆官员也在播出后第一时间给予了好评。

2015 年，“环球春晚”在沿袭往届一贯品质的基础上，进行了更加创新的品牌拓展尝试，全面打破了“一场晚会的概念”，将“环球春晚”品牌放大为“BTV 环球春晚演出季”“《环球神奇炫》第二季大型选秀预热活动”“环球春晚环球行”“2015BTV 环球春晚”四项产品，四位一体地呈现“环球春晚”的品牌价值的同时，全方位立体化地展现了中华文化对世界的贡献、世界文化对中国的影响；展现了中外文化在不断碰撞、交流、合作过程中呈现出的无处不在的精彩，全面凸显了“环球春晚”多元文化交流平台的特别品质及无限延伸的品牌价值。

5. 品牌拓展，探索线下活动：“环球春晚”演出季

每年都有来自十几个国家的艺术家及演艺团体参与“环球春晚”的演出，其中不乏很多拥有巨大商业市场价值的国际巨星及国宝级团体，但因为晚会筹备周期以及演员档期等多重因素的制约，这些国家的演员往往是“来也匆匆去也匆匆”，无形中造成了很大的资源浪费。而且，随着近几年中国演出市场的蓬勃发展，以及“环球春晚”规模和影响力的逐步提升，越来越多的演员及演出团体甚至使馆都表示，希望通过“环球春晚”让这些演员获得更多在中国、在北京的演出机会，这为“环球春晚”开拓市场化品牌提供了很大的可能性。

所以，为顺应北京电视台推进融合经营创收的改革大势，同时为了充分拓展“环球春晚”的品牌影响力并将其市场化，打造晚会线上播出与线下商业演出的良性互动机制，2015 年“环球春晚”特别策划推出了市场化副线品牌——“BTV 环球春晚演出季”。联合各驻京大使馆、各大演艺公司及海外资源，分别于 2014 年 9 月初、10 月中旬以及 2015 年 2 月推出了“崔哥来了”脱口秀、尤雅创意钢琴秀以及苏格兰红辣椒风笛乐队近 10 场演出。完成了“BTV 环球春晚演出季”系列项目的首度市场试水，让“环球春晚”的品牌价值与演出市场进行了垂直对接，将“环球春晚”的收视率直接转化为了票房。

6. “环球春晚环球行”

2013 年，习近平总书记曾在全国宣传思想工作会议上指出：“要精心做好对外宣传工作，创新对外宣传方式，着力打好融通中外的

新概念新范畴新表述，讲好中国故事，传播好中国声音。”[①]

被认为具有“民间外交”功能的“环球春晚”，通过近十年的时间，让越来越多的世界级艺术家经历了从“请我来”到“我要来”的转变。2015年“环球春晚”利用日益显著的影响力，推出了另一项新的衍生品牌——“环球春晚环球行”。

“环球春晚环球行”前期派出6路记者奔赴俄罗斯、瑞士、德国、法国、美国、智利、以色列7个国家18个城市，以真人秀纪实的拍摄手法，通过“环球行”为2015年“环球春晚”寻找重量级表演嘉宾并发出邀请函、回访曾经登上“环球春晚”舞台的老朋友、同时探访具有“中国故事”的“友谊使者”及具有各地民族特色的达人表演。用真人秀的手法呈现“环球春晚”探索中华文化价值输出的全过程，并悬念化预揭“环球春晚”台前幕后准备花絮，层层递进，逐层揭秘，步步引爆，直至晚会播出。

通过“环球春晚环球行”特别节目，不但成功打造了晚会的节目外延，对节目在艺术性之外做了更丰富的诠释和预热揭秘，而且还以行走的方式带领观众感受中华文化价值观输出之路、寻找中华文化立足点以及中华文化对世界文化的贡献。与此同时，这也是一次充分进行海外资源平台和品牌经营方式的拓展之旅，为今后北京电视台建立更多合作交流及后续项目的联合开发，打下了良好基础。

综上所述，北京电视台“环球春晚”自2010年创办以来一直秉承和坚守着：坚持汇聚全球多元文化，凸显北京电视台的国际定位；坚持高规格、高品质的节目呈现，凸显北京电视台的国际特色；坚持中外融合交流碰撞，体现北京电视台的国际视野和胸怀；坚持全球化合作伙伴与资源平台的拓展，显现出北京电视台的国际影响力；

① http：//theory.people.com.cn/n/2013/1015/c40531-23211378.html。

坚持务实作风与艺术品位，回归艺术创作本身，凸显北京电视台国际化的独特气质和文化主张。

通过分析“环球春晚”在操作过程中的经验，我们看到“环球春晚”在“中国故事　国际表达”的有效性方面做出了有益的尝试，凸显了北京电视台在对外传播中的责任意识和创新精神。

我作为北京电视台海外节目中心的资深主持人、制片人，对北京电视台重视海外资源拓展的努力深有体会，多年来北京电视台一直不断寻求和海外平台的多层次合作，挖掘更为丰富和独家的传播资源。“环球春晚”是北京电视台原创综艺晚会品牌。历届“环球春晚”都积极与世界各个国家和地区的主流媒体进行合作，拓展播出平台。2014 年“环球春晚”的预热活动《环球神奇炫》就与多家知名海外媒体建立了合作，成功开设了北美、南非、澳大利亚、泰国四个海外分赛场。不但选拔到了更多优秀海外达人，同时也拓展了海外合作资源、增加了海外播出平台，让“环球春晚”更接地气，并拓展了更多外延，成了目前具有重大国际影响力的晚会节目。

2015 年“环球春晚”播出 4 天后，晚会的完整视频在网上的点击率就超过了 800 万次，而且在全球最大的视频网站 YouTube 上也有“环球春晚”整版的节目。

“环球春晚”除了对高规格品质的视听打造，着力于传播一种“中国人来了、中国人走出去”的价值观，双语脱口秀节目《中国人来了》就是诠释中国文化符号如何进行海外传播的，不但体现了晚会对中国价值观输出的努力，而且通过晚会在全国收视率中的表现，也可看出这种节目诠释成为迅速拉升收视率的重要元素。而对于“环球春晚”来说，区别于任何一台晚会的价值体现，正是在很大程度上基于中外文化的传播。就像《水晶太极》，一个是中国传统武术绝技，一个是源自国外的水晶球表演，这两项绝技的共识表演，就形成了中华文化语汇和世界的共鸣，而这种新的形态表现出的可能，就是中国传统文化在这个场面和时间上的表达。它更多的表达是中华文化的输出、国际文化间的交流、文化价值观的体现。所以在“环球春晚”的价值观表达当中，始终是努力提升明确的主题，不仅仅靠节目打动观众，同时让晚会主题价值观的表达产生力量和影响，这正是“中国故事　国际表达”有效性的应有之义。

历经多年的精心打造，北京电视台“环球春晚”正从每逢春节的一道荧屏靓影，逐渐演变扩展为一个跨越国度、跨越民族、跨越语言，实现中外文化交流互鉴的一个文化事件。

案例研究之四：
“中国茶文化”代言人

中华民族在几千年历史中创造和延续的中华优秀传统文化，是中华民族的根和魂，也是我们最深厚的文化软实力。从天下为公、世界大同，到自强不息、厚德载物，再到仁者爱人、以德立人，传统文化中蕴含的思想观念、人文精神、道德规范，对于解决当代人类面临的难题具有重要启示意义。把优秀传统文化的精神标识提炼出来、展示出来，把优秀传统文化中具有当代价值、世界意义的文化精髓提炼出来、展示出来，我们能更加有效地传播中国理念，促进文明交流互鉴。[①]

海外华人在传播中华优秀传统文化方面有着得天独厚的优势和不可或缺的桥梁作用。尤其是有着深厚文化底蕴的海外华人，一方

① http：//www.xinhuanet.com/mrdx/2018-08/27/c_137421362.htm。

面对中华传统了解透彻，一方面熟悉其所驻在国的风土人情，非常适合成为中外文化交流的桥梁和纽带。

董眉，著名话剧表演艺术家董行佶之女。幼年赴美，在美国大学毕业后，创立了自己的品牌，主营英国式的园艺工具。用她自己的话说，她讲英文比讲中文流利。目前她与美国公共电视台（PBS）合作制作有关茶文化的系列节目。她先生是成功的海商法律师，美国人，在美国政商两界联系广泛，在长滩（Long Beach）甚至洛杉矶部分地区颇有影响力（洛杉矶拥有美国西海岸最重要的港口）。

由于对中华文化的了解和酷爱，董眉在美国生活 30 多年，在与当地人交往的过程中自然而然地将中华文化传播开来，天然地达到了“润物无声”的效果，这种传播带有不可复制性。

她曾经在崔永元口述历史的节目中帮忙采访美国政要，崔永元说董眉很会采访，能挖掘出被采访者内心的东西——一个人被采访哭了，第二个被采访者兴之所至居然在采访过程中唱起了歌。之所以能让被采访人有这种发自内心的忘我状态，是采访者的水平。她在做翻译的时候，语言非常吸引人。

因为她本人喜爱中国茶，并且擅长交流，开朗乐观，所以在她的言谈举止中顺其自然地就把融入她血液中的文化内涵带出来了。如果说有什么可资借鉴的话，就是她对中华文化的传播效果明显，被接受程度高，或许我们可以在世界华人华侨中找寻类似的“代理人”，希望他们可以成为中华文化与世界沟通的“中间人”——纽带与桥梁。

说起董眉与 PBS 的合作，开始是非常偶然的。熟悉在美国加州生活的人都知道，朋友们经常在周末开 Party，每次平均三四百人。

董眉在一次家庭聚会上，跟一个美籍日裔（其母曾为长滩市长）聊天，由于在园艺领域经营的中国人很少，所以非常感叹她的奋斗拼搏、创业不容易、了不起。无意之间聊到喜欢茶，日本人对茶也是情有独钟，于是介绍她认识 PBS 的人，因为 PBS 当时正希望做一些涉及美国以外的文化的节目。PBS 是由美国教育部，即教育机构资助的。因而可以想见 PBS 的节目是要跟教育和文化（有教育意义的）有关的。受众大多是年龄在 35~75 岁、受过教育的、女性居多，而这些受众同时也是 Discovery （美国发现频道）的忠实观众，爱看历史类、文化类的节目，不会看肥皂剧。

就是这样的机缘巧合，于是她就和 PBS 合作拍摄制作了一集茶文化特别节目。

2014 年 2 月首播，5 月重播，播出之后反响特别好。观众反馈还要收看这类节目，尤其表示要看董眉讲茶—— “She has personality，She is so fun.” 说她有个性，幽默风趣。她的独特个性、风格被美国人认可接受—— “You look very exotic.” 说她有异国情调。2014 年播出的时候，PBS 建议片中董眉名字的字幕用中文出现。

美国人喜欢诙谐、有个性的风格。而且美国的电视专题节目多是主持人导向的，所以 PBS 就计划 “create a show”（创办个节目）。如果说之前制作的那一集茶文化特别节目还主要是以 PBS 的设想为主，那么这一次 PBS 要制作的系列节目就是要以董眉为主进行设计了。但当时，董眉因为自己养的两个狗狗先后去世心情不好，又搬家事多，还要做父亲（董行佶）的纪录片，所以就一直拖着没有答应开拍制作，总是回复对方没有准备好。PBS 一直追了她一年，老问她“你行了吗、行了吗”。可见在这个节目的筹划过程中，董眉的核心地位。从中也可以看出 PBS 策划节目的初衷就是以主持人

（制作人）为导向的。直到2015年底，董眉才觉得自己准备好了。恰好这个时候，她的美国先生对她说：“你到哪里都是别人特别喜欢的人，为什么把自己天天藏在‘铁锹’（指她经营园艺工具）里?！”

于是节目进入策划阶段。先是导演在大屏幕前讲他自己大概的构想，讲完以后对方似乎觉得她也不太感兴趣。然后董眉说“我说说我的想法”，于是开始谈她想要把这个节目做成什么样子。讲着讲着那个导演就从几米外的大屏幕旁边慢慢走过来，站在董眉面前听她陈述，接下来就跪在她旁边听了。事后董眉才了解到，这个导演可是非常牛气的那种人，这回显然是被董眉的想法征服了。最后他说：“就当我什么都没说过，全按你的想法来制作，因为你懂茶。”之后的会议就是讨论“show”（节目）本身了，比如结构的划分，等等，但是内容方面，他们彻底信服了董眉，完全按照董眉的创意进行拍摄制作。一期节目30分钟，分三个部分，每一部分6分钟，中间是广告或赞助等。共13期，首播一次，重播一次。这样的模式可以一直延续下去的，5年、10年都有可能。

原来的那集节目只是让她做主持人、出镜采访嘉宾，但这一次她想做制作人，PBS也同意了，因为节目的内容都是由董眉策划的，这个非常关键，也为她赢得了更大的话语权和决策权。如果这个系列节目还是非常受欢迎的话，CBS、ABC、NBC（美国三大广播公司）会购买这个节目。关于版权的划归是这样的：PBS有制作版权，节目版权是董眉的。如果将来把制作费用付给它，那么所有版权就都是董眉的。制作这个节目，PBS没有出钱，它下面的制作公司出的制作费，制作公司有赚钱的目的，会考虑节目的经济效益。

通过这次制作节目，董眉的想法也有了变化，以前只是PBS出钱请她讲讲茶，这是她自己喜欢的事情，也是她多年的研究和爱好，讲着玩着就把事情做了。现在她想把这个做成事业。

董眉说：“讲的中国故事，要‘in an American way to deliver’（用美国的方式来传达）。”

作为中国人，我们天然地认为茶就是中国茶，全世界不都知道吗?！但是以董眉在海外的经历发现，中华文化——不管是茶还是其他什么领域——大部分还都是在中国人的圈子里传播。好像一个圆圈，美国的主流文化在圆圈的中心地带，移民在外围。

跟美国人讲 TEA（茶），他们首先想到的是日本茶，董眉讲到在美国与当地人就茶进行的典型对话——

问：你知道绿茶吗?

答：知道。

问：绿茶来自哪里?

答：日本。

再问：知道乌龙茶吗?

答：什么?

问：就是红茶。

答：哦，那知道。

问：哪来的?

答：英国。

所以董眉就希望将中国茶文化“引进”到美国的主流文化圈中。

有一次董眉的丈夫的一个老朋友发现她是中国人，很兴奋。且他们刚刚从中国旅游回来，董眉就问他们对中国的印象，他们说很好！那对中国的东西的印象呢?他们说，炒饭、大熊猫和长城。然后就没了。

中华文化这么丰富，美国人了解得太少了，问他们丝绸哪来的，不知道；陶瓷哪来的，也不确定。提示他们“china”就是瓷器啊！他们这才恍然大悟似的。至于瓷器的种类更是好多人都不知道怎么回事了。美国人甚至更了解日本、韩国、法国。给他们讲丝绸、陶瓷，他们真的就是闻所未闻，都听傻了。

讲历史，公元前206年开始的汉代是继秦朝之后的大一统王朝，主要分为西汉、东汉时期，两汉的历史四百年多一点。汉朝和约同时期欧洲的罗马帝国，并列为当时世界上先进的文明古国及强大帝国。

中国从何时开始饮茶，众说不一，西汉时已有饮茶之事的正式文献记载，饮茶的起始时间当比这更早一些。董眉学茶，学的就是唐宋元明清的茶文化……好多历史连很多中国人都不了解。有的时候看到一件东西，她会哭、会震惊于我们祖先的了不起。连她的美国先生都有感于她对中国历史文化的痴情与钟爱，说：“你可以做些事情啊！”但是非常不容易，情感触动是一回事，想要传播是另一回事，再要做成节目就更另当别论了。

但是她有情怀，相信中华文化中美的东西能打动自己，也就能打动别人——外国人、美国人。她想以茶作为一个切入点，先做茶的节目，以后可以讲香道、花道，等等。老祖宗那么伟大，希望我们后人不要退步。董眉讲这些的时候会情不自禁落泪。

有动机只是能做成事情的一部分，怎么传播出去还是难点。董眉要做的不是在美国的中国人中进行传播，而是要让外国人了解。所以她在讲茶文化的时候，一般会先讲讲中国的历史、喝茶的历史。通过这种方式先把观众的注意力吸引过来，但她讲的不是那种枯燥的历史，不是宏大叙事，也不讲政治，讲的就是普通老百姓的历史。整个茶文化的节目都是按董眉的思路建构起来，生动有趣。而且在节目中，还会涉及很多其他的传统工艺，紫砂、焗活儿、陶瓷，还采访知青。像董眉这个年纪，小时候生活不是很富裕，生存是非常现实的问题，那时首先考虑的就是要赚钱，要养活自己。跨越中美两种文化差异的生活经历，使她看问题不仅有自己独到的视角和见解，还可以兼顾到不同文化背景的受众对中国传统文化的接受程度，从而在语言方面、表达方式、呈现方法等层面进行调整。她在制作节目的时候也会特别注意怎样才能让美国人容易接受，并不是一味说好就有效果，一切事物不可能都完美，客观平衡，才会赢得尊重。她越来越觉得这个节目有价值。

为了搜集更多的素材，也更全面地了解茶的世界，董眉专门去参观世界茶业博览会（World Tea Expo）。

世界茶业博览会每年在美国举办，是目前世界参与国家最多的国际性茶工业专项展会，为茶叶领域的各商业组织以及研究机构提供全球市场，以更快速度地促进茶工业的发展，被美国《贸易展览周刊》（*Trade Show Week*）誉为北美洲 50 大国际专业展览会之一，倍受业内人士的推崇。每年有来自超过 48 个国家和地区的 300 家茶叶公司以及 5000 位专业买家到场参加这一茶工业竞争。中国、美国、加拿大、印度、斯里兰卡、韩国、越南等国家也纷纷以展团的形式组团参展。每年有近 60% 的展览摊位在头一年的现场被国际展商以及各国家展团预订一空。

看过之后，她发现“世界茶博会”是偏商业的东西，这样的内容不会在 PBS 上面播。而在这个世界性的“茶博会”上，中国茶成交量不是很高，只占 10%。成交量最高的是德国，接下来是印度，然后是日本。她专门到“茶博会”的中国馆里实地考察，看看我们中国那么好的茶叶，为什么交易量不高。中国馆的台面上，纸托盘里摆几种茶样，工作人员也没有其他国家展台的人那么热情，不会主动进行介绍。如果是懂行的人、询问明前茶是明前几号的（清明节前采的茶叶有进一步日期的具体分别），工作人员听到如此询问，这才去后面储物间取来好茶叶，再用不同的水沏上茶，请来者品验。虽然董眉观展的这种个人经历只能算是个案，但对比一下也可提供借鉴。相比之下在日本馆，工作人员的态度就热情些，先是恭恭敬敬地鞠一躬，想找最好的茶，所有的样品都在台面上，立刻就可以选、然后就冲泡了给你，你喝了就直接想买两斤。董眉毕竟是中国人，在这样的国际场合，她不希望同为中国人的同胞输给外国人，至少在态度上要表现得说得过去。后来她就与中国馆卖茶的女士交流，中国馆的工作人员说：“他们外国人也不懂茶，你给他们那么好的茶干吗?！”这种想法确实有失偏颇，作为“茶博会”中国馆里的工作人员，身处对外交流的最前沿，怎么可以有这种草率的想法?“茶博会”是专业人士的盛会，怎见得来参加的外国人不懂茶呢?!即便就是不懂，才需要我们拿出最好的品质产品去介绍、解释、推广，最大限度地传播啊。董眉说：“这是中国人做生意的最大弊病。我想，这恰恰说明在中国馆里工作的不是个生意人。但是既然站在中国馆里，就要有责任心，怎么能先入为主地认为外国人不懂?隐约还能感受到她们对工作的一丝懈怠，这种状态也是对自己最大的不尊重。”

董眉说：“在别人的文化里，首先要相信别人、接受别人。有些人是习惯抱怨的，出现问题了总认为是别人的责任，这种弱势心态的人哪个国家都有。有些在美国生活的中国人也是动不动就抱怨美国政府，而不是自己采取行动改变心态、改善环境。”董眉的一个朋友就住在小台北（加州洛杉矶的一个地区），电话公司每个月都是几千块的账单收她钱，非常不合理，她怀疑是电话公司搞错了，却只有抱怨而没有任何解决问题的办法。后来还是董眉听她抱怨后主动说帮她打个电话问一下吧，原来果真是电话公司搞错了。但这揭示出一系列问题，其中一点就是朋友在美国多年，没有学习英语，简单生活沟通都成问题。这种情况下别说传播文化，自己的生活都没有料理好。生活的便利不是等来的，是争取来的；尊重也是相互的。想要别人接受自己的文化，就要去学习交流的语言、学习对方的文化，平等相待。中美两国文化确实有巨大差别，比如美国人见面，不论在电梯里还是在大街上，陌生人会相互打招呼，中国人在这种情况下就会面无表情，心里可能还奇怪这人是谁呢？董眉说刚去美国的时候，也不适应，但在美国生活要入乡随俗。美国人习惯陌生人相互打招呼，这是一种礼仪，不是什么原则问题，咱们就要慢慢习惯接受。她的美国先生曾经不理解地说：“你好像不是特别喜欢美国，那你来干吗？”慢慢地，她才开始明白，是的，要先接受。等她接受了他们的文化，外国人开始喜欢和她交流，于是就有了信任，在这个基础上才有可能影响别人。所以说，交流的有效性来自相互尊重。文化交流就更是如此。

在筹备节目的过程中，董眉也曾遭到质疑，甚至有的时候有些华人会以一种奇怪的心思来判断她，似乎在质疑她：“你懂得多少？”她偶尔也会气恼：怎么你们比老外还抵触我?!

PBS 对董眉的这个茶系列节目没有太多的限定，项目是有 PBS 的制作人参与的，但具体内容由董眉自己决定。她曾率领团队到中国杭州、福建、云南等地采访拍摄，她太了解美国老百姓的口味了，她知道怎样呈现茶这种源自中国、目前广为世界各地人们所享用的饮品，才能吸引人。她还要讲茶背后的故事。

PBS是高水准、有文化的平台，播出的节目内容都是有品质的东西。PBS的使命是传播公共知识，与商业电视台的运作不一样。当然也可以做广告，董眉的这个节目就可以有90秒的植入广告。“中国航空”有意投资这个节目，具体的要求是节目中不能明确提到“Air China（中国航空）”，但是可以有她拿着行李登上“中国航空”飞机的画面，这时候就可以出现“Air China”的标识，类似的植入还可以有其他方式，包括坐什么车，等等。即便如此，董眉还是有选择的，曾经有一家茶叶公司愿意提供资金，条件就是按照赞助商的意愿来制作，比如介绍他们公司经营的茶，等等，她仔细想想后，还是放弃了。董眉还是想按照自己的创作意愿，在不受制于赞助商的情况下进行拍摄制作。

所以，从资源整合到提取内容，从表现形式到成果出品，从植入广告一直到播出渠道。董眉所承担的是代理人角色，从整个项目的运行来看，最大资源是她自己。从青少年在美国扎根，到今天她在受众中有了一定接受度和影响力。所以在传播中华文化时，没有经过“二传手”而进行的本土化，容易被接受。她是集多种角色于一身的代表。作为个人，董眉的特色非常突出。分析其他传播案例的时候，我们发现往往是其中某一项特别强，要么是内容、要么是渠道，或者传播链条中某一个环节某一个点特别突出，但董眉不同。

PBS在决定和董眉合作的时候就说过：“It’s all about you.”（都是关于你，来源于你。）说她会讲中文、英文，声音好听，形象也不错。有人形容她说：“董眉这张面孔是经过西化的东方脸。有美国范儿的东方脸。”生活中我们可能会有这样的印象，即海外华人的生活质量、生活水平是写在脸上的。像靳羽西，她的形象似乎就带有美国的烙印。董眉是既中且洋的形象，她的形象在节目中也发挥了作用。

当地美国人或许认为她讲的英文不是完美的，但是已经不把她当外国人看。现在她把大部分时间用来制作茶文化节目，所以想把生意卖掉，改变未来事业的方向。她先生非常支持，而且说别再侍弄你那些锹锹铲铲了。董眉说刚认识她先生的时候，先生并不知道她是中国人，猜她是夏威夷来的，或是泰国人？菲律宾人？最后猜不出来了，董眉才告诉他自己是中国人。

她懂茶和茶文化、懂烹调、懂太极、懂服装和音乐，当然还懂园艺。所有这些集中在一个人身上非常难得。如果我们要寻找一个传播代理人的样板，董眉是非常合适的人选。

作为已经非常本土化的移民，她不自觉地运用了传播代理人策略。发挥了中介在传播中的核心地位。既是主持人、策划人，又是运营者，她的核心作用不可替代。同时她还可以是版权所有者，授权 PBS 播出。

即使是 PBS，美国公共广播公司，也是要有资金支持的，那么这个项目又是如何进行商业运作的呢？由 PBS 认可的制作公司出制作费，估计一期节目制作费 10 万美元，版权是开放的。制作公司负责前期和后期。广告的收入是董眉与制作公司分成。制作公司正在与董眉签版权协议。顺便说一下，她先生不是律师嘛，所以和制作公司谈判都是由她先生代劳的。如果将来找到赞助商就把制作经费还给制作公司，这个是可行的。如果董眉支付制作费的话，版权就全拿回来了。在整个制作过程中，“I earn zero dime.”（我没挣一分钱。）董眉说。

最后这个系列节目定名为《亚洲之珠》（*Pearl of Asia*），吸引的是美国主流社会受众。原名“Pearl of Oriental”（东方之珠），但是英文中的“oriental（东方）”带有一定的贬义，跟所谓的“东亚病夫”一词有点联系。而“Asia”（亚洲）是中性的地理概念。片头是动画设计，由一片茶叶串起几个国家。一个系列的节目全部都讲茶，容易让观众感到枯燥，可能会看不下去。所以最后决定是几个内容穿插着——讲一讲茶、讲一讲陶瓷，然后讲一讲琉璃，还有贵州的皮影戏，等等，这样交替着比较有意思。PBS 早在合作之初就明确了：内容由董眉来设计决定。董眉从收看和传播效果的角度考虑，不要在一集的三个部分全是一个内容，要保持新鲜感，可以有不同的话题。董眉已经决定把园艺生意卖掉，今后的主要工作就是制作介绍中华文化的准纪录片。每年可以用大概一个月时间完成外拍、演播室录制和后期制作。一年花一个月，很有外宣价值。

PBS 的受众数据——2017 年 PBS 的 NewsHour（新闻节目）吸引了近 120 万受众观看，该数字比前一年上涨了 17%。[①]（见下图）

PBS NewsHour viewership

Chart　Data　Share　Embed

Total average viewership

Year	Total average viewership
2016	1,007,000
2017	1,178,000

在电视方面，NewsHour 获得收益的渠道更为丰富，包括 PBS 和 CBP（公共广播电视公司）的投资，公司赠予、基金会等“非公共”流资金，以及个人赞助等。2017 年，个人赞助的比例达到了非公共

① http：//www.sohu.com/a/238684525_100109496。

资金份额的 13%。[①]（见下图）

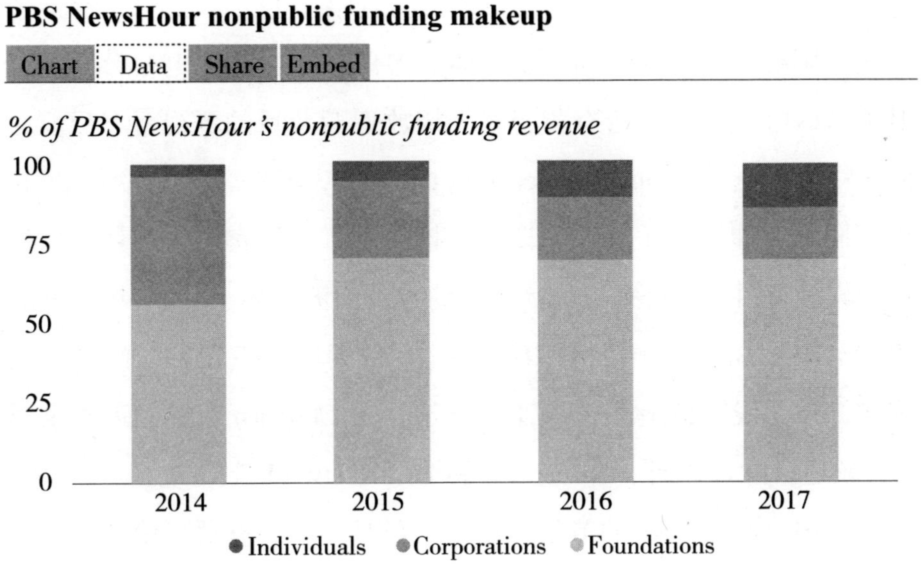

PBS（Public Broadcasting Service，美国公共电视网，也称公共广播协会或美国公共电视台），是美国的一个公共电视机构，由 354 个加盟电视台组成，旨在运用非商业电视、因特网与其他媒体所提供的高质量节目与教育服务，去丰富人民生活，并达到媒体告知（inform）、启发（inspire）与愉悦的社会责任。[②]

在美国还有一些华人的媒体，也在各自的区域内发挥着不可或缺的作用。

美国西海岸旧金山 KTSF 26 台开播于 1989 年，是一所独立和设备完善的电视台，服务旧金山湾区 10 个县超过 275 万家庭、140 万的亚裔。 主要提供中文、日语、越南语和菲律宾语节目。1989 年，KTSF 26 台开办全美第一个粤语新闻直播节目《九点钟新闻》，

① http://www.sohu.com/a/238684525_100109496。
② https://www.pbs.org/。

是全美首个用中文现场直播节目，被侨胞誉为“沙漠里的绿洲”。1991年又创办了全美第一个中文新闻直播节目。KTSF 26台至今仍是美国唯一一家在晚间提供华语、粤语新闻直播的电视台，是旧金山湾区唯一一家用所有黄金时间播放亚裔节目的电视台。目前，KTSF 26台由Lincoln Broadcasting Company经营，为观众提供11种不同的亚洲语言（华语、日语、越南语、菲律宾语）的新闻、信息及娱乐节目，节目来源包括中国的香港亚洲电视、日本NHK和菲律宾ABS-CBN。美国旧金山KTSF 26台利用无线和有线两种方式传送，在无线频道上隶属26.1号频道，在Comcast有线频道上隶属8号频道。除此之外，Direct TV和Dish Network卫星电视，AT&T U-verse也播放KTSF的节目。代表栏目是《今夜有话要说》，主持人就当前社会议题、热门新闻、娱乐时尚、艺术文化及本地生活等话题与嘉宾展开讨论，这是全美唯一一档与观众互动的华语现场直播访谈节目，观众可以随时打电话参与节目讨论。

陈捷是KTSF 26台新闻主播、记者，自该台成立初始就在KTSF 26台任职，先后担任记者、摄像、编辑、主持人等，是美国西岸华语媒体的资深人士。他认为从财经新闻开始做起，也可以产生影响力。像CNBC的影响力就非常大，他每天要看CNBC的新闻、每天都会写经济新闻。从现在的情况来，几乎没有一天的新闻没有“中国”这两个字。因为财经牵扯到意识形态比较少，大家共同的利益、共同关注点致使从专业和信息上都有可交流的地方。另外一个受关注的就是和旅游、生活息息相关的内容，比如说外国人到中国去，他要长住或短住，需要了解最新的信息，有什么出行指南之类的窍门都是吸引人的内容。比如说如今到中国的签证有什么改变、在中国开车需要办理什么手续，等等。而对于海外的华人来说，也非常关心衣食住行的方方面面，希望可以通过中文电视媒体了解到。

CNBC 里有一个报道交通、汽车行业的资深记者，2016 年到北京来参加车展，他每年都到中国来进行汽车专项报道，至今已超过十年。这十年中国汽车市场的变化之大令他感慨，他自己做了专辑，涉及中国市场的汽车潮流。中国汽车市场太大，影响整个全球的汽车市场潮流。什么功能啊，或者是发展趋势啊，都吸引美国的受众。因为中国的汽车市场非常特别，全世界也没有这么大的一个市场。

在美国的中文媒体、在美国的华裔，他们在沟通中美政治、经济、文化交流方面的作用真是不容小觑。陈捷就提到在经贸这方面如何通过在美国的中文电视媒体的解读让美国受众更好地了解中国、理解中国。不仅报道中国的经济发展怎么样，而且侧重报道中国与美国、与国际的经济之间是如何相互影响、有着怎样的关系。因为在美国，观众对光伏、钢铁等产品的背后故事更感兴趣。之前美国媒体连篇累牍地报道要反倾销，因为对美国的受众来说，他们只认为中国人在美国搞倾销，不知道背后的好多背景。就拿光伏产品来说，当时美国政府是大力提倡从中国大批量进口的。这些现象背后的原因，主流媒体是不会替中国解释的，他们只会顺应美国受众的情绪或政治需要而煽动。而他们的那些议员代表着很多的商业利益，实际上也都是钱和政治间的关系，这些细节是没有当地的美国媒体为观众条分缕析的。美国的那些主流媒体，只会在有工会出来抱怨工人都失业了、抱怨让中国公司抢了饭碗的时候，顺应所谓民意来声讨中国公司。这种声音对中国的国际形象、对中国的软实力是有不良影响的，而这些言论从新闻的角度上来说，并没有手心手背的讲法，没有做到平衡、客观、公正。当然，绝大多数美国人对国际政治也很不关心，美国人关心的就是自己眼前的东西。对自己的生活有影响了，就反感、就不高兴。如果在媒体上能找到一个切入点，讲讲现象背后的原因是什么、来龙去脉是怎样的，那么美国的受众对中国就不会有这么大的敌意。这就是在海外的中文媒体所起的桥梁、纽带、减震器的作用。

当了解了“手心手背”，即事情的前因后果之后，结果就会很不一样。还有一例，从前动不动拘留了中国人，就冠以间谍的罪名：要么是商业间谍，要么是技术间谍，各种间谍罪名。2016 年连续抓了一些中国的科技人员，美国国会里的少数族裔的议员就有提案，认为不能够随便针对一个族裔，或者是针对一个国家的人如此不问青红皂白地歧视，后来这些技术人员被无罪释放了。但是美国的新闻是没有发布相关报道的，而 KTSF 26 台对上述的事件都进行了跟进追踪报道。

KTSF 26 台是清清楚楚的独立电视台，不接受任何的政治资金，完全独立。也不是像 NBC、CBS 那种网络电视、商业集团。虽然还不如县、地区的政府电视台的设备和人员规模，但却是美国国务院新闻署指定的参观点。

国务院新闻署每年会邀请一些名人、媒体人到美国参观各大电视台、主流媒体，KTSF 26 台就是其中一站。能够得到美国国务院新闻署的推介或者认可，第一看重的就是 KTSF 26 台的影响力，它是全美国第一家做现场新闻的华人电视。第二看重的就是 KTSF 26 台参与了许多重大事件（event）的现场报道，客观公正的新闻态度得到尊重和认可，1998 年还受邀参加了白宫的记者团。

美国是个多元文化组成的社会。在美国，不仅有中文媒体，也有其他小语种的媒体，如西班牙语、韩语、越南语的媒体，等等。西班牙语的媒体影响力越来越大。在美国的一些中文媒体也希望成为除英语、西班牙语媒体之外具有第三大影响力的少数族裔媒体。在观察海外的华人媒体的时候，我们也会思考他们能不能影响到主流社会。一位不愿透露姓名的媒体人对我说：“如果我们把自己当成一个少数民族来看的话，就永远融入不了主流社会。”他坚定地认为自己就是主流的一部分，也是美国市场整体里的一部分。

这是一个我之前没有想到的特别的视角。原以为当地的华人媒体通过影响华人，然后再影响主流人群，但实际上是不可分割的，华人及华人媒体本来就是在主流当中的，是其中一部分，不可能被完全割裂开来。而对于美国人来说，他们如果想要了解中国的事情，有什么渠道？比如说想去中国旅游，想知道中国是个什么样的地方，有的人可能会搜一下，有的人可能是看点书，有人可能就是找中文的媒体看一看。

现在跟前几年不一样，了解信息的渠道有很多。中国本身的国际声音也越来越大。美国的主流虽然报道我们正面的东西不多，也还是有报道的，比如中国的一些变化，也相对正面。这些也会直接影响到一些美国人。

我曾在纽约看到一个中文频道的美食节目——《亚洲色香味》，由一个中文主播、一个英文主播共同主持，主持人还到后厨操作间与厨师聊天、沟通。在美国的华人朋友告诉我，曾经有一个东北风味的餐厅叫杨林饭店，开办九年了，还从来没有本地的美国人光顾过。但这个餐厅上了《亚洲色香味》节目后，突然间就来了好多“老外”，而且节目播出后半年时间，它已经又开了两家分店。由此可见，当地的中文电视的影响力已是不同凡响。

据报道，《舌尖上的中国》海外版权就销售得很好。美食或许是跨文化交流最好的突破口。美食就好像是全世界的通用语言一样，对全世界各地的普通老百姓来说，吃喝玩乐跟生活息息相关的内容才是共同的兴趣点，反而政治、经济那些是比较高端的群体所关注的。不同的受众，关注点不一样。英文所谓“decision maker”（决策层）应该不会简单地通过看个电视片就受到影响。所以政治、经济方面还得通过新闻来传达。很多在海外生活的华人认为，现在最大的隔膜还是在生活习惯、价值观、宗教信仰等方面。如果从生活习惯着手把大家的距离拉近了，让彼此了解，比方说知道你吃的饭是怎么回事了，和我吃的面包怎么不一样，那其他方面就可能有更进一步的交流了。比如说麻婆豆腐或者北京炸酱面是最好的，如果在节目里看到了，可能就想试一试，如果想看看故宫，可能有这些方面的节目都会吸引到他。

无论是董眉还是旧金山的 KTSF 26 台，作为海外华人和华人媒体，他们都自觉担当了树立海外华人良好形象（海外华人在某种程度上也代表了中华民族整体形象的一部分）、维护海外华人利益、为华人发声的使命和责任，并在美国主流社会发挥着媒体独特而重要的作用，正在尽最大可能增强着自己的传播力和影响力。

结 语

由于“首都媒体”的特殊地位，北京电视台多年来始终将“向世界宣传中国、宣传北京”视为己任，积极与海外主流媒体加强合作，努力为“中华文化走出去、北京声音传出去”做一些实实在在的贡献。

2004年，中国电视长城平台在美国正式开播。北京电视台作为首批成员台，开始长城平台（“中国电视长城平台”的简称，下同）北京电视台国际频道的制作和播出工作。经过十余年的耕耘和发展，长城平台北京电视台国际频道成为北京对北美、亚洲、欧洲、拉美等地的主要电视对外传播渠道。北京电视台国际频道（BTV-International）针对海外观众的需求，突出北京地域特色，将展现北京文化、突出北京城市特色的节目集中编排，目前已形成稳定收视群。荟萃北京电视台10个频道的精品节目资源，涵盖新闻资讯、人文历史、健康旅游、教育服务、文化艺术等内容，题材广泛，形式多样。每天首播7.2个小时、24小时滚动播出，2018年全年首播2635小时，全年滚动播出总量为8760小时。北京电视台国际频道在长城平台的收视率始终位居前列。

中国电视长城平台的推出，改变了过去各频道单打独斗的局面。长城平台有机地将各频道进行组合，以便发挥各自优势，成为海外华人观众必选的电视服务，也使得长城平台在海外华语电视观众的地位和影响力无出其右。

如今海外华人遍及世界各地，自从中国1979年改革开放以来，出国留学人员大量增加，出国经商投资的人员也大量增加，现在世界150多个国家都出现了华侨和华人人数节节上升的情况，平均每10年就增加一倍。目前全球海外华人总计约3000万人。

随着中国国力提升、经济发展，也由于海外华人重视教育、刻苦勤奋的传统，海外华人的社会地位迅速提升，进而融入当地社会，甚至在当地担任了议员、政府官员或者成为当地的专业人士。他们在当地社会发挥了重大的影响，也同国内保持密切的经贸文化往来。

让海外华人充分了解祖国和祖籍国改革开放以来的发展变化以及新中国成立七十周年的巨大成就，是提升我们国家国际形象和国家软实力的重要内容。当由于政治体制、立场、文化差异导致我们还不能直接对各国当地的外国人施加普遍影响的时候，通过各阶层的海外华人了解中国、宣传中国并潜移默化地影响华人所在国的国民甚至政府，也是非常有效的手段。

在2004年7月长城平台开播之前，海外华人收看的华语频道主要来自中国台湾地区。以美国为例，除了中国台湾地区的电视节目，还有受到美国一些极端势力支持的电视节目。长城平台的开播极大地扭转了这一被动局面，使希望了解中国真实情况的海外华人有了正规和持续有效的渠道，从此可以通过长城平台收看到中国首都及各省市的精彩电视节目。

长城平台频道组合中，中央电视台偏重新闻和时事，湖南电视台偏重综艺和娱乐，北京电视台偏重文化和传统，黄河电视台偏重教育、教学，安徽电视台偏重电视剧等，不一而足。如何把频道办出特色，是各频道的首要任务。长城平台北京电视台是长城电视平台中的中坚频道，2004年作为平台发起频道之一，在美国开始播出。在随后各地区陆续推出的所有其他频道中，北京电视台一直为首发频道之一。

建议对境外播出节目类别化的受欢迎程度进行调查与评价，通过对收视地区、特点收视人群翔实严谨的反馈数据分析，获得来自境外受众的直接评价，构成今后向外输出节目、节目制作、渠道开发等方面的更符合受众需求的提升方案，有效改善北京作为中国首都利用电视传媒进行有效创新外宣业务的工作局面。同时在调查的基础上研究加强相关优秀制作队伍的建制方面的投入。增加服务方面的投入，筹办收视服务机构，内外兼顾，对北京电视台所有文化类、服务类节目提供收视后服务，并就此培养附加的商机和价值，实现“软销售”。

我参与北京电视台连续八年策划、组织、制作“文化中国水立方杯”海外华人中文歌曲大赛。活动汇集来自世界五大洲几十个国家的华人歌唱选手来京参赛。从世界各地选拔出的成人和青少年汇聚北京，展示他们自身魅力的同时，也向世界展示中华民族凝聚力。海外华裔青少年是海外华侨华人社会的希望和未来，更是实现伟大“中国梦”的强大助推力量。

习近平总书记在会见第七届世界华侨华人社团联谊大会代表讲话时说：“团结统一的中华民族是海内外中华儿女共同的根，博大精深的中华文化是海内外中华儿女共同的魂，实现中华民族伟大复兴是海内外中华儿女共同的梦。”[①]“文化中国水立方杯”（以下简称“水

① http：//www.xinhuanet.com/politics/2017-11/29/c_1122031311.htm。

立方杯”）中文歌曲大赛活动，就是用民族之“根”、文化之“魂”、复兴之“梦”，把千千万万海外华人紧紧联系起来的一个平台。

目前，“水立方杯”已经成功举办过八届，为30多个国家的6000多名海外华人提供了展示才华的舞台，为数十万华人群体提供了欣赏交流的机会，在海外华人世界得到积极而热烈的反响。同时，“水立方杯”也吸引了大量海外主流社会人们的关注，为促进中华文化的对外交流发挥了重要影响作用。多年来，30多个海外承办机构秉承大赛活动的宗旨，坚持公平公正，不断凝聚侨团、侨商、海外中文学校、文化社团以及华文媒体的力量，在与相邻城市联合举办、在组织赛事的同时举办“达人赛”等方面创新活动的组织形式，着力运用传统媒体和新媒体的手段加强宣传，积极打造“水立方杯”这一公益性侨务文化活动的品牌，赢得了选手及其亲朋好友、比赛现场观众以至各种媒体受众的肯定和支持，体现了浓浓的奥运情、深深的中华情。近年来，30多个我驻外使领馆精心指导和大力支持活动的开展。每当各地举办赛事的时候，我驻外使领馆都派员出席，通过致辞、颁奖等多种形式，鼓励广大华裔青少年说好中国话、唱好中国歌，希望承办机构把活动越办越好、长期办下去。国务院侨务办公室、北京市人民政府、中华全国青年联合会以及各承办机构更是高度重视，团结协作，努力创新，确保了活动向着健康可持续的方向发展。

自1999年10月至2012年6月，北京电视台在美国有线电视新闻网（CNN）《世界报道》栏目播出英语新闻600余条。在新闻选题上，北京电视台注重策划鲜活的非政治性新闻选题，侧重于北京的发展变化，关注这座城市里人们的普通生活。坚持“以人的故事感染人，用心用情做外宣”的宗旨，仔细研究西方电视手法，增加趣味性，以符合西方观众的收视习惯和口味。同时坚持以我为主、为我所用，遵循对外传播规律，提高北京知名度。美国有线电视新闻网堪称全球新闻“霸主”，具有强大的国际传播影响力。英语新闻在该平台的播出，更好地使外国观众深入、及时了解北京的文化、生活及城市面貌，达到了更好的外宣效果。

专家们说，所谓软实力就是影响力、就是榜样的力量。世界各国都在不遗余力地发展自己的软实力。在对外报道中，我们经常困惑我们的声音进入不了主流渠道，如果听不到我们的声音，我们如何影响别人？

我在北京电视台从事多年对外传播报道。我的突出感受是国家有大动作，我们对外宣传报道就大有作为，也可以借势产生良好的效果。

2004 年在“中法文化年”期间，北京电视台与法国电视三台合作拍摄纪录片《中法友谊的使者》，分别由中法两位导演各拍摄两部 30 分钟的纪录片在北京电视台及法国电视三台播出。

2005 年 5 月，“财富论坛”举办期间，北京电视台协助美国有线电视新闻网在钓鱼台国宾馆录制脱口秀节目《崛起的中国》。

2006 年 8 月 8 日晚 8 点整，与美国全国广播公司（NBC）联合完成了直播北京夜景的节目。通过架设在北京饭店楼顶的摄像机和卫星传输设备，美丽的北京夜景在全美排名第一的早间新闻节目——NBC《今日新闻》中播出。主持人的现场陈述是：这就是两年后将要举办奥运会的北京城。此次直播拍摄的画面包括长安街夜景和天安门广场，展现了现代与古老相结合的北京。此次直播画面，让北美观众感受到北京这座第 29 届奥运会主办城市的生动形象。NBC 是全球最具影响力的主流媒体之一，通过他们的媒体平台介绍北京和2008年奥运会，传播力度大，意义和影响深远。同时为北京电视台进一步扩大国际合作积累了经验和资源，也提升了北京电视台在国际合作中的地位和重要性。我们还以双方共同播出为名索要了他们的播出带以确认他们播发的内容是积极的。

在奥运会倒计时两周年和一周年的2006年8月和2007年8月，我们邀请了十多家境外主流媒体来北京进行采访报道。其中有美联社、路透社、CNN、BBC、英国独立电视台、法国电视一台、德国电视一台、意大利国家电视台、巴西环球电视台、澳大利亚七网络、日本NHK、韩国SBS、埃及国家电视台，等等。经沟通确认，境外媒体关心北京筹备奥运会的情况，关心运动员备战的情况。我们带领境外媒体记者拍摄了鸟巢和水立方等奥运场馆、国家大剧院、北京交管局指挥中心、北京大容量公交机场新航站楼、北京食品安全监测中心、北京热电厂等奥运会配套工程。同时还邀请了北京奥组委的官员接受各个媒体的专访。在一周的采访过程中，西方媒体记者用他们亲身的体验来感受中国、感受北京，用他们自己的镜头和语言进行报道。他们的客观报道在相应西方主流媒体的播出，达到了更好的国际传播效果及影响力。

奥运会前夕北京电视台制作的大型文献纪录片《北京》被BBC购买，这在北京电视台的历史上还是第一次。

没有奥运会，世界的目光也不会聚焦北京。

2013年4月24日，北京电视台与澳大利亚广播公司（ABC）签署战略合作备忘录，双方将在英语新闻播出、互办电视节、纪录片合作拍摄，以及大型活动深度合作等方面进行深入合作。

ABC是澳大利亚的国家公共广播集团，1932年建立。其国际频道（Australia Network）在亚太范围内覆盖46个国家和地区，约有3300万收视用户，还可以在22万个五星级酒店中收看。北京电视台与ABC战略合作关系的建立，有助于更好地以电视节目为纽带，创新对外传播工作模式，更好地增强北京在世界上的感召力和影响力。

以上中国的形象、声音能够进入他国主流媒体的主要原因是国力强盛，国家举措吸引全球注意力所致。

在互联网日益成为人们生活一部分的今天，每个人甚至都可以成为新闻发布者。传统媒体更应该利用自身的权威性、影响力、专业性进行“先发制人”的报道，以期得到“先入为主”的效果。先入为主形成的概念、印象对受众的影响要比扭转已经定型的概念、印象取得更好的效果。我们一再强调中国是发展中国家，既然是发展中国家，就说明经济发展水平还不够高，社会产品还不够丰富，人民的生活水平还有待提高。真实的中国是什么样子？有困难也不妨说出来。还以奥运会为例，我们为奥运会的成功举办付出了很多艰辛努力，也遇到了前所未有的困难。在不违反政策和导向的情况下让大家知道我们的不足，不仅可以为工作人员解压，令老百姓降低期望值，更可以让全世界的媒体感到我们的伟大成就的取得来之不易。

考虑到越来越多的外国人走进中国，让那些在中国投资、创业、学习、生活的外国人结合自己的经历来谈一谈中国社会各个领域发生的变化、自己在中国经历的喜怒哀乐，是非常好的办法。我们在国际报道中经常会邀请在北京生活的外国人，以他们独特的视角解读相关话题，效果显著。

北京电视台国际频道的节目随长城平台在美国、加拿大、法国、巴西、澳大利亚、新西兰和亚洲大部分地区播出。我们一直努力使节目针对不同地区时有所侧重。比如美国文化中强调个人奋斗，主张机会均等，担心联邦政府权力过大，这些与欧洲在法国大革命以来形成的自由、平等、博爱思想有所不同，西欧主张社会福利，关心环保，反对战争的思潮根深蒂固。此外，美国国内又有比较明显的保守派和自由派势力之分，他们分别代表不同的党派思想，有着自己独立的经济、社会、宗教和文化观点。至于广大的亚非拉发展中国家，他们与西欧、北美发达国家，也是千差万别。

在我们频道播出的节目中最受欢迎的内容是环保、中医中药、北京历史文化、收藏、财经。以北京历史文化为例，《这里是北京》完全以讲故事为主，让受众在不知不觉中接受我们的文化，对中国产生亲近感。这种潜移默化的效果可能是我们最需要的。

本书所列举的实战案例，是在实践中取得很好效果的传播的实际操作。无论是译配影视剧的海外热播，还是跨文化人际传播的范例——国际学生北京夏令营；无论是被誉为“民间外交典范”的“环球春晚”，还是以“境外代理人”模式替华人发声、传播中华文化的境外媒体或海外华人：他们都在各自的层面和领域以独特的方式讲述着中国故事，看似顺势而为、自然而然，但分析其背后的模式、经验、原则，想必不是偶然的，取得良好的传播效果应该有规律可循，也为我们提供了以不同形式进行有效国际传播可资借鉴的启发。

我曾对上述案例的组织者、参与者进行了深度采访，并在多年对外传播实践工作的基础上，对案例进行分析总结，以此抛砖引玉，希望读者进一步在各自的对外传播领域展开相关的关注、研究，也期待与同行进行广泛的交流碰撞，共同推进越来越多、越来越丰富、越来越厚重、越来越有感染力和影响力的中国故事在更广阔的国际舞台上有效传播。

习近平主席在海南博鳌亚洲论坛年会上谈到合作共赢时，曾分别引用不同国家和地区的名言：“东南亚朋友讲‘水涨荷花高’，非洲朋友讲‘独行快，众行远’，欧洲朋友讲‘一棵树挡不住寒风’，中国人讲‘大河有水小河满，小河有水大河满’。这些说的都是一个道理，只有合作共赢才能办大事、办好事、办长久之事。”清晰表明了中国的态度和立场，传递出了中国的发展与进步。“国之交在于民相亲，民相亲在于心相通”。讲好中国故事，要找到精神共通点、思想共享点、情感共鸣点，让各国人民与中国人民相亲相近。讲好中国故事，应立足中国放眼世界，树立国际化的思维方式，把握古今、中外、前后的关系，融合中外，贯通东西，精心构建话语体系，用受众乐于接受的方式、易于理解的语言，更好地与世界沟通交流，彰显中华文化强大的影响力和感召力。①

① http：//theory.people.com.cn/n1/2018/1221/c40531-30480242.html。

致 谢

从项目确定主题，到寻找案例、确认采访对象，到完成书稿，前后历时三年。中间几度调整，今天终于可以画上句号。

非常感谢中国国际广播出版社的张宇清社长对我的信任，并一直鼓励支持我不懈努力。北京大学的程曼丽教授更是给我提供了专业性的指导，才确定了本书采用案例研究的方式来呈现。感谢中国国际广播电台影视译制中心的胡木主任、孟毅处长、李毅老师、陈莲英老师。感谢刘东参赞。感谢北京市国际教育交流中心的谷天刚主任、李军副主任。感谢北京电视台“环球春晚”的总导演郭巍对写作本书的大力支持。

特别感谢我的家人，母亲在我刚刚接受这个课题的时候因病去世，她的离开对我是非常沉重的打击，我曾一度想要放弃；爸爸一向对我和哥哥要求严苛，他说：“别的主持人出书了，你那么爱学习怎么不写本书？”这也是一种鞭策。我先生一直是我最坚实的依靠，他就像“定海神针”一样，总是给我信心，无论什么事情，只要有他在，我就可以胜任。女儿得知我在写论文，流露出钦羡的神情，我希望将来她可以做得比我更好。

值此付梓之际，仅以我的初步研究笔记和我们中国国际媒体人共同的历史使命，与朋友们、同行们共勉前行，前方路正长。

姜　华

2019年5月于北京四环边

图书在版编目（CIP）数据

"中国故事　国际表达"的传播有效性研究笔记 / 姜华著. —北京：中国国际广播出版社，2019.9
ISBN 978-7-5078-4542-6

Ⅰ. ① 中…　Ⅱ. ① 姜…　Ⅲ. ① 中华文化－文化传播－研究　Ⅳ. ①G125

中国版本图书馆CIP数据核字（2019）第196441号

"中国故事　国际表达"的传播有效性研究笔记

著　　者　姜　华
责任编辑　何宗思
版式设计　国广设计室
责任校对　张　娜

出版发行　中国国际广播出版社［010-83139469　010-83139489（传真）］
社　　址　北京市西城区天宁寺前街2号北院A座一层
　　　　　邮编：100055
网　　址　www.chirp.com.cn
经　　销　新华书店
印　　刷　环球东方（北京）印务有限公司

开　　本　710×1000　1/16
字　　数　120千字
印　　张　10
版　　次　2019 年 9 月　北京第一版
印　　次　2019 年 9 月　第一次印刷
定　　价　58.00 元

CRI 中国国际广播出版社　欢迎关注本社新浪官方微博　官方网站 www.chirp.cn